Safety Devices

TECHNOLOGY OF PROTECTION

ROLL CAGES

Six point, multi-point, weld-in. Modern and classic competition cars. Fully jigged to fit first time. New Safety-Weld cages for DIY fitment. FIA/RACMSA certified.

SEAT BELTS

Sportsman and Professional competition belts designed for roll cage or floor fitting. European 'E' marked for road use.

BODY SHELLS

Chassis alignment, strengthening, full F2 specification. Race and Rally.

FIRE EXTINGUISHERS

Automatic or hand-held with environmentally friendly AFFF foam. Low 'C of G' bottle

WINCHES

Suppliers of Superwinch electric winches for off-road leisure, industry and motor sport. Fully engineered fitting kits for most 4x4's.

OFF-ROAD

Roll cages, roof racks, underbody protection.
For leisure, industry, expeditions and motor sport. Suppliers to The Camel Trophy.

INDUSTRY

Cages for one-off applications, prototypes and test vehicles. Car and commercial.

Design by CAD, construction in Tru-Mech tubing by laser and computerised bending. Welding to the highest standards of The British Welding Institute.

Safety Devices Limited, Regal Drive, Soham, Cambridge CB7 5BE England
Tel: +44 (0)1353 624624 Fax: +44 (0)1353 624824

CALENDÁRIO 96

15/16 JUNHO
Circuito Estoril III

22/23 JUNHO
Rampa da Arrábida

6/7 JULHO
Circuito Vila do Conde II

27/28 JULHO
Circuito Braga II

7/8 SETEMBRO
Circuito Estoril V

21/22 SETEMBRO
G.P. Portugal de F1

5/6 OUTUBRO
Circuito Braga III

9/10 NOVEMBRO
Finais Europeias - Itália

Exprimindo-se com a maior clareza, começa certamente por falar dos 75 cavalos de potência que oferece. Quem tem 16V para alimentar 1242 cc pode dar-se ao luxo de ser generoso. Não lhe vais ouvir nem um queixume, nenhuma hesitação ou engasgo. Só um enorme entusiasmo em responder à mais pequena solicitação. Com um motor destes, o airbag e todas as outras coisas de série quase parecem de menor importância. Mas só quase. Na verdade, só aumentam o puro gozo de sentir um motor assim. Vai a um Concessionário Ford, e tem o prazer de experimentar o novo Fiesta nas suas variantes **Studio, Techno** e **Ghia**. Vais sentir uma vontade muito grande de ir continuar a conversa para outro lado.

Ford

Novo Fiesta. Faz tudo o que sentes.

AVENTURE-SE.

Aventura é chegar aonde poucos chegam. É olhar por cima das nuvens sem pegar avião. É ouvir o que poucos ouvem. É ver o que poucos vêem. É ser o que ninguém mais pode ser: você mesmo.

QUEM EXPERIMENTA, GOSTA.

SN Publicidade

Tomé Pinto
General

Pierce Brosnan
Actor

Cândida Morais
Empresária

Pinto Balsemão
Político

Odete Ferreira
Cientista

Lucas Pires
Político

Ferraz da Costa
Empresário

Paulo Pires
Modelo

Ayrton Senna
Automobilista

Pedro Passos Coelho
Político

Paulo Sousa
Futebolista

Diogo Infante
Actor

Rocha Vieira
General

Adriano Moreira
Político

Vítor Baía
Futebolista

Alvaro Barreto
Gestor

Mário Soares
Político

Cavaco Silva
Político

A revista da Classe Dirigente

Joaquim Bastinhas
Toureiro

Pedro Abrunhosa
Cantor

Fátima Roque
Política

Tony Lima
Actor

Madonna
Cantora

João de D. Pinheiro
Político

Machado Caetano
Médico

Nigel Mansell
Automobilista

António Banderas
Actor

Pierre Cardin
Estilista

Manuel Damásio
Cientista

António Guterres
Político/P.M.

Pedro Couceiro
Automobilista

Júlio Machado Vaz
Psicólogo

Carlos Queirós
Desportista

F. Pires da Silva
Empresária

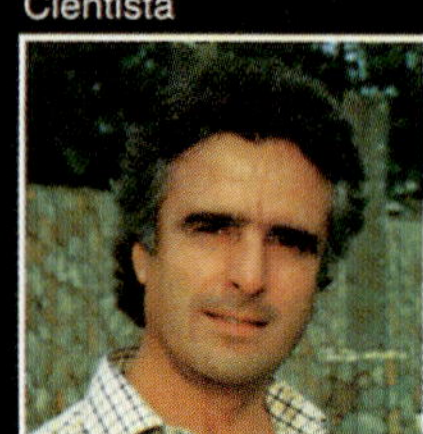
N. Câmara Pereira
Fadista

Jardim Gonçalves
Empresário

ui Reininho
antor

Feytor Pinto
Padre

António de Spínola
Marechal

Pedro Lamy
Automobilista

Dapin
Surfista

Joaquim de Almeida
Actor

. Jacinto Nunes
conomista

Fernando Gomes
Político

Menéres Pimentel
Magistrado

Fernanda Mota Pinto
Deputada

Fernando Nogueira
Político

Ana Maria Caetano
Educadora

orge Sampaio
olítico/P.R.

Cunha Rodrigues
Magistrado/PGR

Almeida Santos
Político

Becker de Freitas
Gestor

Amália Rodrigues
Fadista

Freitas do Amaral
Político

HOMEM
MAGAZINE

Durão Barroso
Político

Hipólito Pires
Empresário

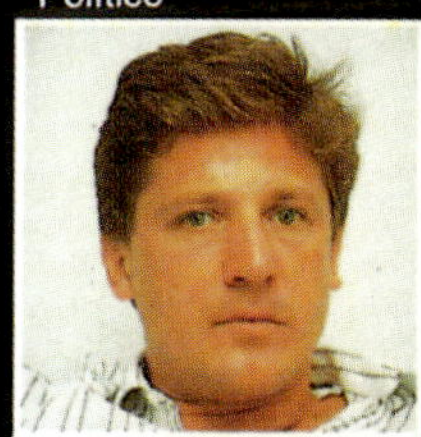
Herman José
Humorista

nas Savimbi
olítico

Lady Dy
Princesa de Gales

João Paulo II
Papa

Juan Carlos
Rei de Espanha

Ramalho Eanes
General

Rubens Barrichelo
Automobilista

anuel Monteiro
olítico

P. Santana Lopes
Político

José Maria Tallon
Médico

Rui Bento Vasques
Toureiro

João Moura
Toureiro

Graça Viterbo
Decoradora

edrito de Portugal
oureiro

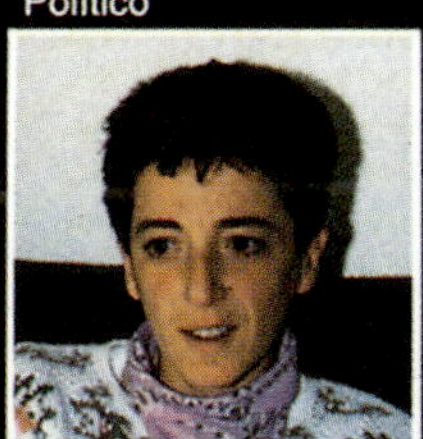
Rosa Mota
Desportista

Ricardo Salgado
Empresário

Brad Pitt
Actor

Luísa Leitão
Gestora

Carlos Carvalhas
Político

Rallies 1995-1996

World Rallying 18

EDIPROMO TALENTO ediciones ceac

Edição inglesa (original):
© **1995** - MARTIN HOLMES - Martin Holmes Rallying.
PO Box 117, Woking, Surrey, GU22 8YP - Londres

Escrito e compilado por Martin Holmes
Fotolito: Scanhouse Ltd, Kettering
ISBN 0-9521639-1-8 (Edição original)

Fotografia: Todas as fotos utilizadas neste livro são de Maurice Selden (que foi o principal responsável pela sua selecção), do autor ou de Gavin Lodge, excepto quando for referido o respectivo crédito de outro fotógrafo.

Edição brasileira:
© **- 1996** - EDIPROMO - Edições e Promoções, Ltda.
Rua Joaquim Távora, 143 - Vila Mariana - 04015-000 - São Paulo - SP
Telef.: (011) 571.2477 Fax: (011) 570.4325
Distribuição: Edipromo, Ltda.

Edição portuguesa:
© **- 1996** - TALENTO - Edições, Publicidade e Promoções, Lda.
Av.Gen. Norton de Matos, 63B - Miraflores - 1495 Algés
Tel.: (01) 412.0535/43/62 - Fax: (01) 412.0553
Distribuição: Midesa

Edição espanhola:
© **- 1996 -** Ediciones CEAC
Calle Perú, 164 - 08020 Barcelona

Direcção Editorial: Francisco Santos
Traduções da edição original: Carlos Moura, Francisco Santos.
Revisão editorial: Carlos Caseiro
Textos originais: Pedro Barreiros.
Secretariado: João Almeida
Edição electrónica: Talento, Lda.
Paginação: Luisa Araújo, Paulo Fraga e Pedro Lourenço.
Montagem e selecções de cor: Policor - Gabinete Técnico de Fotolito, Lda.
Impressão e acabamento: Printer, Lda.

Edição de Maio 1996.
Tiragem: 10.000 exemplares

Registo na D.G.C.S. de Portugal nº 113791.
ISBN 972-8065-47-7
Depósito Legal nº 97 783/96

Fotos de capa: acima, Colin McRae (Subaru Impreza 555), abaixo à esquerda, Phillipe Lartigue (Citroën ZX Rallye Raid E)/GPA; à direita Rui Madeira (Mitsubishi Lancer Evolution III)/Francisco Romeiras .

Este livro foi compilado ao longo do ano graças à incansável coordenação de Ursula Partridge, pesquisa de Kevin Gormley, auxiliado por Ed Rendell e Mary Coombes. Grafismo de Andrew Heaton Design. Sem o seu trabalho quase interminável, este livro nunca poderia ter sido produzido!

Foi dada autorização por Olaf Schwaier da Castrol International para a reprodução neste livro dos mapas utilizados nos seus boletins Rally Information.

Foi dada autorização pela Mountune Race Engines pelas ilustrações utilizadas no artigo 'Vivendo com restrições'.
Agradecemos a Lasse Erola pelo fornecimento de informações acerca de aspectos da vida de Juha Kankkunen.
Mais uma vez recebemos considerável ajuda de colaboradores e colegas de outros países, incluindo:

Argentina	Juan Cruz Mathus
Austria	Werner Shneider
Austrália	Greg Yard
Bélgica	Willy Weyens
Bulgária	Strasho Dimov
Canadá	Linda Epp
Chile	Edgardo Rodriguez
Colômbia	Ricardo Plano
Chipre	Tony Christodoulou
República Checa	Pavel Vacha
Dinamarca	Ib Trebbien
Estónia	Margus Kuuse
Finlândia	Rolf Pettersson
França	Philippe Carles
Alemanha	Thomas Voigt
Grécia	Thomas Efthimiou
Holanda	Vincent van Dantzig
Hungria	Andras Fekete
India	Nazir Hoosein
Indonésia	Helmy Sungkar
Irlanda	Brian Patterson
Itália	Maurizio Ravaglia
Japão	Tatsuo Tomita
Jordânia	Derek Ledger
Kénia	Gavin Bennett
México	Guy Lassauzet
Noruega	John Haugland
Nova Zelândia	David Thomson
Paraguai	Gabriel Gonzalez
Polónia	Jacek Lewandowski
Portugal	Luis Caramelo
Roménia	Alexandru Dobai
Eslovénia	Tomas Porekar
Africa do Sul	Jannie Herbst
Espanha	Esteban Delgado
Suécia	Thomas Lindberg
Suiça	Raoul Schwinnen
Tailândia	Komar Johari
Turquia	Audin Hosgor
Uruguai	Mario Uberti
EU da America	Cam Warren
Zâmbia	Lee-Anne Singh
Países africanos	Jean-Claude Bonnaud
Campeonato Europeu	David Limage
Médio Oriente	Neil Perkins

ÍNDICE

Francisco Santos

Juha Kankkunen

Buffum no Perú.

Longe, mas juntos! Os pilotos do mundial de ralis na Nova Zelândia.

Pierre Lartigue a 'raposa do deserto'

PREFÁCIO

COLIN McRAE

O Piloto De Ralis De Maior Sucesso Da GB

Que temporada esta! 1995 esteve repleto dos desenvolvimentos mais inesperados. Posso dizer com segurança que quando descobrimos no final do rali da Suécia que ainda não tinhamos pontuado para o campeonato, eu me interroguei como é iríamos recuperar o terreno perdido. Os ralis, porém, foram sempre um desporto em que nada pode ser dado como certo e as provas nas últimas semanas da temporada demonstraram-no muito claramente.

Acima de tudo, eu e o meu navegador Derek Ringer gostaríamos de agradecer a todos os que nos encorajaram nos bons e nos maus tempos, ao longo deste ano e nos anteriores. Mesmo nas alturas em que o futuro parecia incerto, estes amigos, muitos dos quais não os conhecemos e que nem sequer teremos a oportunidade de conhecer, deram-nos o incentivo para prosseguirmos.

Estou a escrever este prefácio poucos dias antes do Network Q RAC Rally e não quero pensar acerca dos "ses" e dos "talvez" que surgirão inevitavelmente nas próximas duas semanas. Sabemos agora que a Subaru vai obter pelo menos um título Mundial, o seu primeiro de sempre, visto que um de nós, eu ou o Carlos, conquistará o título de Pilotos e claro que a esperança da nossa equipe é igualmente de obter o título de Construtores. Não sabemos quem será o herói no fim do rali mas sabemos que todos iremos comemorar, por isso penso que o melhor será dar-lhes os meus melhores votos por um desporto mais feliz e seguro em 1996 enquanto tenho a oportunidade!

Colin McRae

KING KANKKUNEN

O Meu Rali Favorito

Como evento, a Austrália. Venci lá quatro vezes e fui segundo duas vezes. Obviamente gosto muito dele por essa razão, mas é divertido: apesar da Austrália se situar em relação à Finlândia no ponto oposto do globo, sempre me senti lá em casa. Como local, julgo que as maravilhas da natureza no Quénia ultrapassam tudo. Todos os dias temos surpresas. As vastas savanas, a vida selvagem, as pessoas, o Oceano Indíco. Estou preso aquele local.

O Meu Rali Menos Preferido

Se tenho de nomear um, suponho que será a Córsega porque julgo que os finlandeses nunca poderão esquecer o que lá aconteceu ao Henri Toivonen. Hoje em dia as estradas são melhores do que há dez anos atrás mas ainda é muito difícil aprender as classificativas suficientemente bem para lá nos sentirmos totalmente confiantes.

O Meu Rali Mais Infeliz

Tem de ser os 1000 Lagos. Em 1995 abandonei logo na primeira classificativa. Comecei a guiar nas estradas de terra perto de Jyvaskyla mesmo antes de ter idade para tirar a carta de condução! Gosto das estradas e conheço-as bem mas só na minha 11ª participação é que ganhei a prova da minha terra. Tinha sido o favorito à vitória muitas vezes mas a sorte nunca quis nada comigo...Quando acabei por vencer a prova, isso foi realmente o meu triunfo mais agradável. A minha gente diz que nunca poderemos ser um verdadeiro Campeão do Mundo sem ganharmos o Rali dos 1000 Lagos. Finalmente até os consegui satisfazer a eles!

O Meu Pior Acidente

O Safari de 1994, claro! Capotei o meu carro seis vezes num acidente a alta velocidade no segundo dia da prova. Depois de termos feito os nossos reconhecimentos, a chuva deixou umas perigosas bossas de areia na estrada e eu não tinha o aviso disso nas minhas notas. Devido ao tempo quente nós não utilizavamos naquela prova capacetes à prova de choque e eu bati com a cabeça algures dentro do carro durante o acidente. Também me aleijei no peito. Contudo, o pior susto da minha vida não foi num rali. Aconteceu no Inverno de 1982 quando estava a conduzir um tractor no gelo, tentando limpar o caminho para um carro de corrida num lago gelado. Era já tarde, de noite, e não se encontrava ninguém no lago quando de repente o gelo se partiu sob o peso de tractor. Este foi ao fundo e vi-me aflito para me libertar do banco. Comecei a nadar para cima mas não conseguia encontrar um buraco no gelo devido à escuridão. Bati com a cabeça muitas vezes no gelo, tentando desesperadamente sair da água. Obviamente acabei por conseguir descobri-lo porque estou aqui para contar a história!

A Minha Vitória Mais Memorável

O Safari novamente, desta vez em 1985 na minha primeira visita. Lembro-me agora do meu sentimento quando vi as estradas e percebi o que é que os pilotos dos velhos tempos queriam dizer quando afirmavam que precisamos de experiência em África antes de podermos ter sucesso. Tive sorte: uma por uma, as velhas raposas foram ficando de fora do rali e no final era eu que comandava. As últimas centenas de quilómetros foram certamente os mais longos que eu jamais conduzi!

A Minha Primeira Grande Decepção

Monte Carlo 1987. Tinha liderado o rali e sabia que poderia vencê-lo facilmente. Depois o nosso chefe de equipe Cesare Fiorio disse-me para deixar que o meu colega de equipe Miki Biasion me ultrapassasse e ganhasse. Agora já não me incomoda, mas naquela altura foi a maior decepção da minha carreira.

O Meu Incidente Mais Cómico

Os amigos dizem que deve ter sido em Yamoussoukro no final do Rali da Costa do Marfim de 1985, que ganhamos por uma margem muito curta sobre o Bjorn Waldegard. Estavamos numa sala quente e sem circulação de ar. Tinhamos sido convidados a ouvir um discurso do então Presidente da FIA, Sr. Balestre, quando adormeci. Infelizmente os outros na sala ouviram que eu tinha adormecido e finalmente também o Sr. Balestre se apercebeu. As pessoas ficaram horrorizadas mas felizmente o grande francês não levou a mal e ofereceu-se para encurtar o seu discurso, em meu favor!

Como Relaxo

Na Finlândia levamos vidas duplas, uma no Verão e outra no Inverno. Não se pode jogar golfe na neve! Suponho que os meus melhores momentos se encontram na minha casa de campo na Lapónia. Esses dias de Inverno na Lapónia são bastante repousantes e os mais preciosos de todo o ano. A beleza da natureza coberta de neve, o silêncio completo na vastidão — são tão relaxantes. É um tal contraste com o mundo dos ralis. Não posso encontrar esse tipo de paz em qualquer outro lugar do mundo.

A Minha Próxima Ambição

A vitória em Monte Carlo fugiu-me sempre. Penso que é o único grande feito que ainda não alcancei.

O Melhor Momento da Minha Vida

Sei exactamente quando foi! 6h00 do dia 26 de Fevereiro de 1995, uma linda manhã de domingo quando o meu filho Tino nasceu na Finlândia. Infelizmente na altura estava a treinar em Portugal e foi uma tortura não estar em casa. Estava na Figueira da Foz quando a minha mulher Pirjo me telefonou a dizer que tinhamos um filho saudável. Foi o meu melhor momento de sempre! ❑

VIVENDO COM RESTRIÇÕES!

PHILIP DUNABIN, Director Técnico da Ford Motorsport, explica a engenharia de competição em 1995

O limitador de 34mm demonstrou ser o método mais eficiente de controlar a potência dos carros de rali. A forma de trabalharmos passa a ser encarada de forma diferente, não só na Ford. Toda a gente opta por soluções paralelas de desenvolvimento, e tem sido muito crítico deixar paradas outras áreas de evolução. Com a redução de tamanho do limitador, toda a filosofia da forma de trabalharmos o motor mudou.

O actual limitador (34mm para o Grupo A) permite quase os 300bhp recomendados pela FIA. Não importa o quanto possamos trabalhar, que não conseguimos mais potência! Existe uma peça que limita o fluxo de ar. Uma vez atingido o limite sónico, passa a haver um determinado fluxo. Quando se estuda a curva de potência num gráfico, a curva sobe até ao limite do restritor, mantém-se a mesma nesse ponto durante bastante tempo e depois, quando as rotações do motor aumentam, a potência começa a cair.

O limitador de 34mm é um mecanismo espantosamente bom para manter todo o mundo com a mesma potência e nivelar as diferentes configurações de motor.

Baixas rotações

Todo o mundo tem agora de se limitar a regimes baixos de rotação. Por esta razão, coisas como sistemas anti-"lag" ("bang-bang") tornam-se muito menos importantes. Inicialmente os pilotos usavam rotações elevadas para manter os turbos rodando. Agora passámos a ter de melhorar artificialmente a resposta do acelerador.

Uma resposta satisfatória é impossível a baixa rotação quando se tem um turbo. O objectivo do sistema anti-"lag" é fazer entrar ar no motor, mesmo quando o acelerador está fechado e não queremos que o motor debite potência.

Isto pode ser feito de duas formas diferentes: podemos usar a electrónica do motor para controlar as rotações em ponto-morto, e usá-las como mecanismo para manter o acelerador aberto, ou podemos fazer os gases de admissão recircular de volta para o colector de escape. Ambos os sistemas visam manter a turbina a rodar para que no momento que o piloto abra o acelerador, a turbina possa estar ainda a rodar a alta velocidade.

Como na II Grande Guerra

Os quatro fabricantes no Campeonato Mundial têm diferentes sistemas para melhorar a resposta de acelerador. O Subaru tem basicamente um sistema que mantém o acelerador efectivamente aberto, enquanto Mitsubishi e Toyota têm sistemas de recirculação de gases. Nós, na Ford, usamos um sistema que controla as rotações em ponto-morto.

Pode ter-se algum sucesso fazendo entrar apenas ar no motor, mas misturamos-lhe gasolina, como se pode ver pela chama que sai do escape – da gasolina não detonada. Chamas do escape e "bang-bang" têm sido vistos há muito tempo: em ralis, certamente desde os dias dos Audi. Sistemas semelhantes existiam na II Grande Guerra em aviões-caça.

Há uma importante diferença entre motores preparados para terra e para asfalto. O "bang-bang" é mais evidente é mais significativo nos ralis de terra. A estabilidade do carro é crítica em asfalto: se não acertamos bem o "bang-bang" correctamente, podemos facilmente prejudicar a estabilidade.

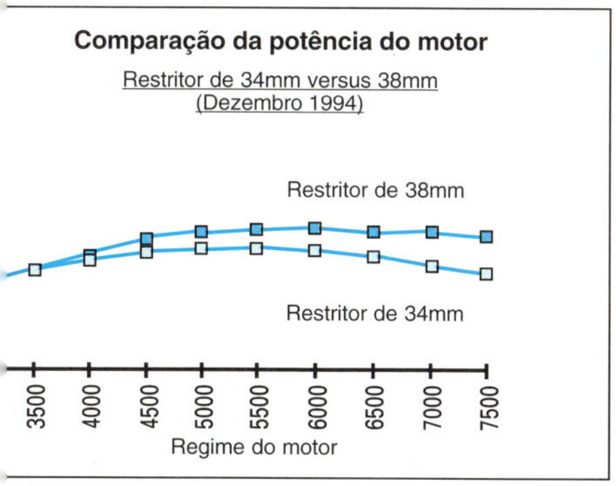

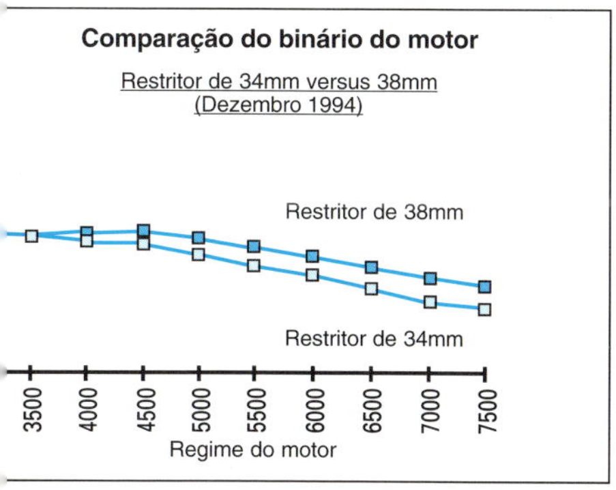

(Em cima) Carros em fogo! O 'bang-bang' tem frequentemente efeitos visiveis como audíveis. (Na página seguinte à esquerda) Especificações dos pneus moldados para 1995.

Cada tipo de piso requer uma resposta diferente. Não é útil ter resposta imediata: isso daria em derrapagem! O que se quer é ter a mesma resposta com um turbo do que num motor aspirado. Em ralis de asfalto, as notas ajudam o piloto a prever a aceleração que o piloto usa. Não se vê muito o uso do "bang-bang" em testes.

Nas provas, os pilotos nem sempre tomam as trajectórias correctas: é nestas alturas que a resposta de acelerador é mais crítica. Altera o estilo de pilotagem. Quando nos comprometemos a uma curva fugindo de frente, podemos passar a ter um carro saindo de traseira. Sistemas anti-lag não dão mais potência. Ajuda a sair de situações.

Flexibilidade

O limitador de 34mm tem efeito em outras partes do carro. A caixa, por exemplo. A decisão de usar seis velocidades em vez de sete é resultado directo da mudança na medida do limitador. A banda útil de rotações é agora mais larga, e há menos necessidade de usar a caixa.

Há efeitos secundários. Em asfalto, por exemplo, é possível adaptar o estilo de pilotagem para se tirar partido da flexibilidade do motor e andar das 4.000 até às 8.000rpm sem usar a caixa. Assim não se altera o equilíbrio do carro como nas mudanças de velocidades. E, também se usa menos os pneus - outro importante aspecto sob os regulamentos de 1995. Tivemos maior durabilidade de pneus na Córsega devido às caixas de seis. Parece estranho, mas é verdade. O Escort de rali fora projectado com caixa de sete. Acontece que agora tentamos tirar algo diferente do carro.

O Escort foi concebido para o limitador de 40mm, mas na realidade nunca andou com esse limitador! Foi na época em que andávamos pendurados nas rotações e na caixa. Agora precisamos de andar em rotações mais baixas.

Compressão em vez de pressão

Tem havido tendência para maiores taxas de compressão. Uma vez atingido o limite do restritor, não há vantagem em usar maior pressão de turbo, e maior taxa de compressão é a forma de aumentar a eficiência do motor.

Isto requer um compromisso: até ao limite do restritor é vantajoso comprimir a maior quantidade de ar no motor e manter isso a regimes mais altos de rotação para manter a performance do motor.

O desenho das cames também mudou — não se quer potência a 7.000rpm, mas a 3.000rpm. Com os antigos limitadores, um motor teria potência das 5.000 às 8.000rpm. Agora o mesmo motor anda bem a partir das 3.000rpm. Também são necessárias rotações para travar com o motor.

Injecção de água

Outro recente desenvolvimento dos motores em ralis é a injecção de água. Este é um eficiente e barato método de manter baixa a temperatura do ar de admissão. Qualquer aumento da temperatura de admissão tem grande efeito na temperatura de escape. Reduz a necessidade de um intercooler grande. Ford, Toyota (com o ST205) e Subaru (pela primeira vez na Córsega) têm injecção de água, mas a Mitsubishi, não.

Pneus duram mais

É difícil afirmar qual factor de evolução é mais significativo. Com cerca de 50 a 60bhp a mais, a durabilidade dos pneus poderia ser crítica na Córsega, por exemplo, mas o desenvolvimento dos pneus eliminou qualquer problema e aumentou tanto a sua performance quanto a sua resistência.

A vida não acaba com o limitador de 34mm e tem-se dado muita atenção ao

desenvolvimento do diferencial central. O objectivo é encontrar um acerto ideal para cada situação e não um compromisso. Temos trabalhado nos últimos dois a três anos num diferencial central activo, que testámos pela primeira vez no Midland Rally de 1994 e finalmente decidimos usá-lo num rali mundial, na Nova-Zelândia, depois de o testarmos na Indonésia. A maior dificuldade com estes sistemas activos é saber exactamente onde se ganha e onde se perde com o seu uso. A principal vantagem é na terra. Como todos os sistemas programáveis, há mais possibilidade de erro do que sucesso! Se lhes damos um conjunto de parâmetros e as condições saem desse âmbito, ficam sem saber o que fazer! A tarefa mais difícil é estabelecer o maior número possível de parâmetros que queremos. A electrónica existe para nos dar o maior binário que queremos, no momento necessário. Saber o que e quando queremos é o mais difícil.

Controle de tracção

Outra área em que nós — e outros — estamos envolvidos é controle de tracção, mas este é um termo errado! Na maioria dos carros de série da actualidade é o momento de se travar. É como um ABS ao contrário. Há aspectos negativos devido ao efeito na temperatura dos travões, mas os sistemas ligados aos travões têm uma característica interessante - podem dissipar a inércia muito rapidamente, o que não é possível com outros sistemas de controle de tracção.

O nosso sistema está ligado ao motor, desligando-o quando as rodas derrapam. Optámos por este sistema porque não consigo ver como uma ligação aos travões pode funcionar bem, apesar de beneficiar do desenvolvimento do ABS. Para nós, controle de tracção tem de ser um método de limitar e não de eliminar derrapagens.

O sistema tem de ser ajustável a diferentes pisos e programável em termos de afinação básica e regulável pelo piloto dentro do carro. Para nós, é especialmente importante em relação aos pneus: por exemplo quando se pretende poupar pneus intermédios, em piso seco.

Não há muita necessidade de controle de tracção em recta: é muito mais útil em curva. O equilíbrio do carro

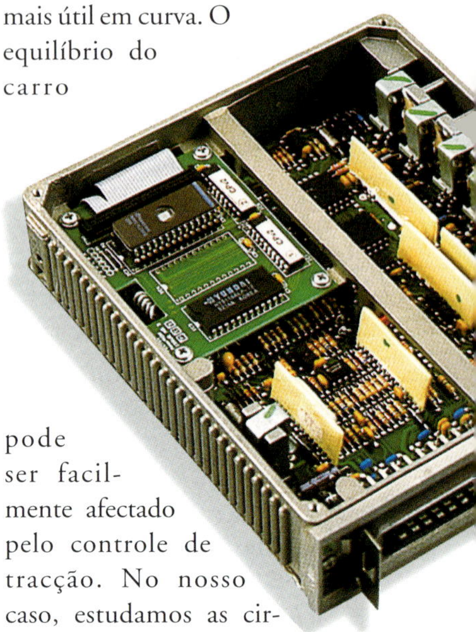

pode ser facilmente afectado pelo controle de tracção. No nosso caso, estudamos as circunstâncias verificando o que se passa com o motor. A forma como o motor se comporta mostra-nos o que acontece na estrada. O outro problema é saber exactamente a que velocidade vamos, porque devemos ter características diferentes consoante a velocidade. Há alguns sistemas que medem a velocidade, mas não são satisfatórios: a velocidade absoluta não reflecte o comportamento do carro, que pode estar derrapando ou torneando um gancho.

Por isso a melhor forma de avaliar a situação é pelo comportamento do motor. A potência do motor é controlada da mesma forma que um sistema anti-"lag": funciona no sistema de alimentação e ignição eficientemente em todos os cilindros. Era muito, muito mais fácil fazer este sistema funcionar na Fórmula 1, quando era permitido! É mais fácil, e até mais importante nos carros de 2 litros de tracção dianteira.

Evitar perdas

Gastámos muito tempo para descobrir como melhorar as características de durabilidade dos pneus. A geometria do suspensão é importante para os pneus

Philip Dunabin (esquerda) com o piloto da equipe Ford Francois Delecour.

durarem, tanto em asfalto como em terra, apesar de haver objectivos diferentes. Tudo isto, no entanto, nos distanciou da tendência generalizada de suspensões activas em termos de controle de amortecimento, transmissão, conforto e adornamento. Os ralis criam mais desafios nestas áreas do que o uso normal. Soluções mais simples chegarão primeiro aos ralis. A maioria requer controle hidráulico e para isso temos antes que desenvolver um sistema hidráulico integrado. Diferenciais requerem controles hidráulicos, bem como mudanças de caixa e suspensões.

A maioria dos conceitos electrónicos não são demasiado difíceis: tudo depende do modo como a electrónica e mecânica se interligam. Há vários conceitos de transmissão que anseio usar. Redução de perdas na transmissão é outro tema. Estamos limitados a 300bhp, pelo que a questão é desperdiçar o menos possível! As caixas semi ou totalmente automáticas, especialmente as CVT (Transmissão Variável Contínua), iriam fazer mudar as coisas.

Pessoalmente creio que o automobilismo está atrasado neste aspecto. Dá muito trabalho, mas pode ser lucrativo em termos de performance. ❑

Opinião de Dunabin sobre os carros do Mundial.

Escort – antiquado

O nosso Escort Cosworth RS é o mais antigo dos quatro que lutam pelo mundial, e não surpreende que a idade se note na sua especificação. O motor longitudinal oferece um bom equilíbrio. O Escort é o único carro com bloco de motor em ferro, e é o mais alto: isso é enaltecido pelo aerofólio traseiro, que foi concebido para velocidades mais elevadas que as encontradas em rali. A suspensão traseira com braços pendentes cria maiores limitações nas mudanças de geometria do que em outros carros. O movimento da suspensão dianteira é limitado porque o comprimento dos semi-eixos é pequeno. Para os mecânicos, é o carro mais fácil para trabalhar debaixo do capot e o espaço adicional disponível pelo motor longitudinal ajuda o fluxo de ar.

Toyota e Mitsubishi – razoáveis

Tanto Toyota como Mitsubishi têm desvantagem na distribuição de pesos devido à colocação de motor transversal. O Toyota tem, a via mais larga o que é muito atraente em asfalto, e também tem uma traseira curta o que permite aos pilotos girar nas curvas! Deve ter a melhor aerodinâmica, apesar da carroçaria coupé obrigar os pilotos a sentarem demasiado baixo para estarem confortáveis.

Subaru – o melhor

O Subaru é certamente o melhor conjunto de todos. Claro que as outras equipes têm tido dificuldades em colocar as duas rodas sobressalentes em local que não estrague a distribuição de peso. O Subaru é o único a não usar um motor em linha: o seu 4 cilindros opostos é leve e instalado muito baixo. Ainda está demasiado à frente, mas é mais curto que os 4 em linha. O espaço debaixo dos paralamas não é ideal, mas este é um problema de todas as carroçarias de quatro portas.

Mitsubishi – bom para o calor

A Mitsubishi fez um excelente trabalho no compartimento do motor. A mesma água refrigera o intercooler e o radiador do motor! Deve ser o carro ideal para ralis em países quentes. Penso que o Mitsubishi tem uma distância entre-eixos talvez um pouco curta e a suspensão traseira não é ideal. Toyota e Subaru têm suspensões traseiras McPherson que são melhores.

O carro de sonho

Os meus outros ideais? Um carro com 4.250 a 4.300mm de comprimento, tão largo quanto o Toyota, uma moderna suspensão traseira multi-link, um motor totalmente em alumínio, sem desnecessários acessórios aerodinâmicos, um bom sistema de refrigeração, carroçaria de três portas e rodas de série de 16". Este é o meu carro de rali de sonho!

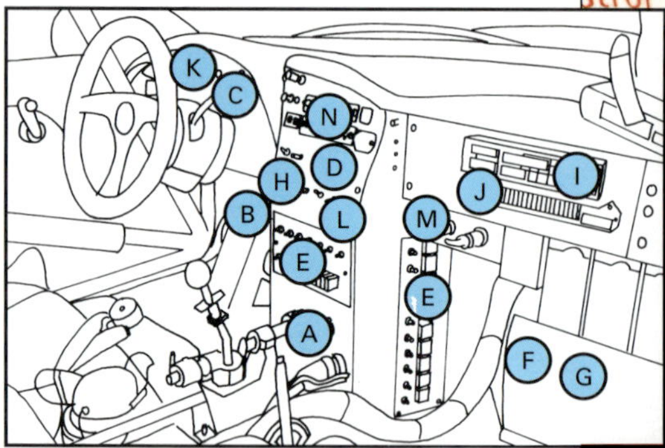

TOYOTA CELICA GT-FOUR

A= Interruptor principal, B= Repartidor de travagem C= Painel do piloto, D= Comando das luzes auxiliares, E=Relés/fusíveis/corta corrente, F= Painel do navegador/controlo do limpa pára-brisas G= Placa para os pés do navegador, H= Interruptor de arranque do motor, I= Trip/cronómetro J= Painel do banco de dados, K= Piscas, L= Mola de afinação do controlo de tracção, M= UCE (Unidade de Controlo Electrónico), N= Botões do UCE.

NO INTERIOR DO COCKPIT

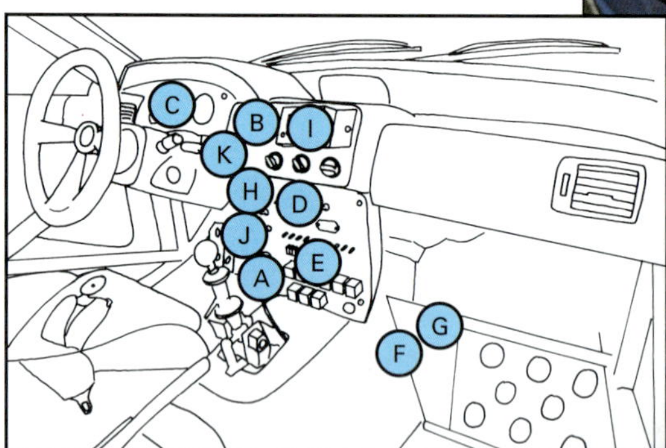

FORD ESCORT RS COSWORTH

A= Interruptor principal, B= Repartidor de travagem C= Painel do piloto, D= Comando das luz es auxiliares, E=Relés/ fusíveis/ corta corrente, F= Painel do navegador/controlo do limpa pára-brisas G= Placa para os pés do navegador, H= Interruptor de arranque do motor, I= Banco de dados J= Interruptor do sistema anti-lag K= Ajustador do controlo de tracção.

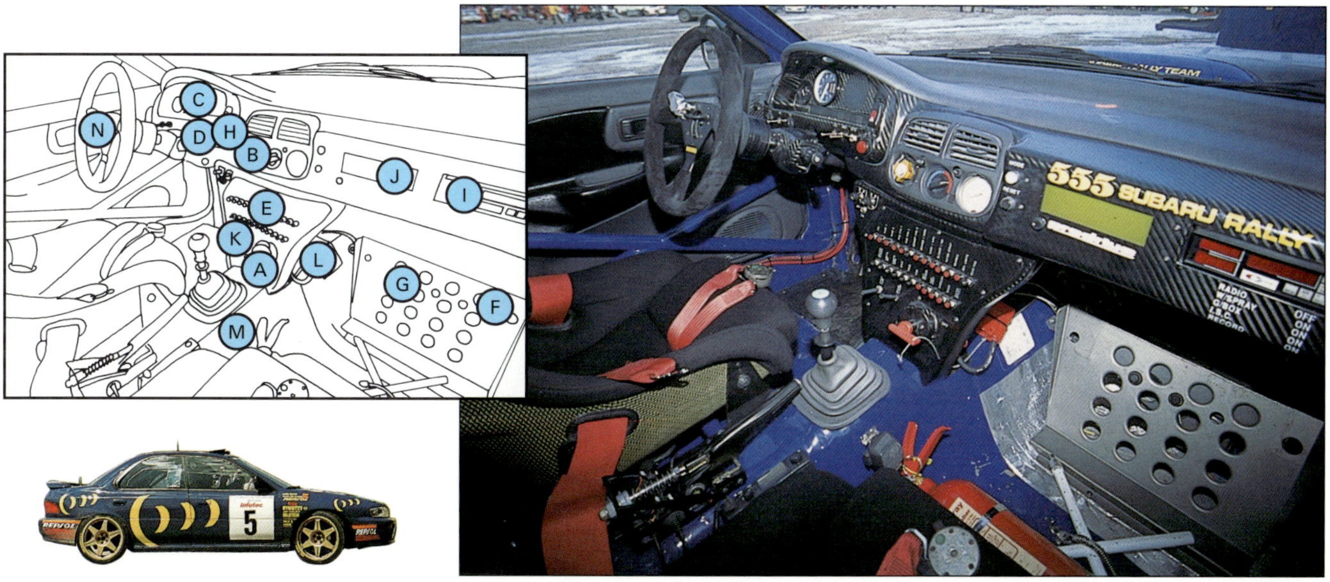

SUBARU IMPREZA 555

A= Interruptor principal, B= Repartidor de travagem C= Painel do piloto, D= Comando das luzes auxiliares, E=Relés/ fusíveis/corta corrente, F= Painel do navegador/controlo do limpa pára-brisas G= Placa para os pés do navegador, H= Interruptor de arranque do motor, I= Trip/cronómetro J= Banco de dados, K= Interruptor do sistema anti-lag, L= Ficha de ligação à bateria, M= Microfone do rádio, N= Comando da caixa sequencial.

1995

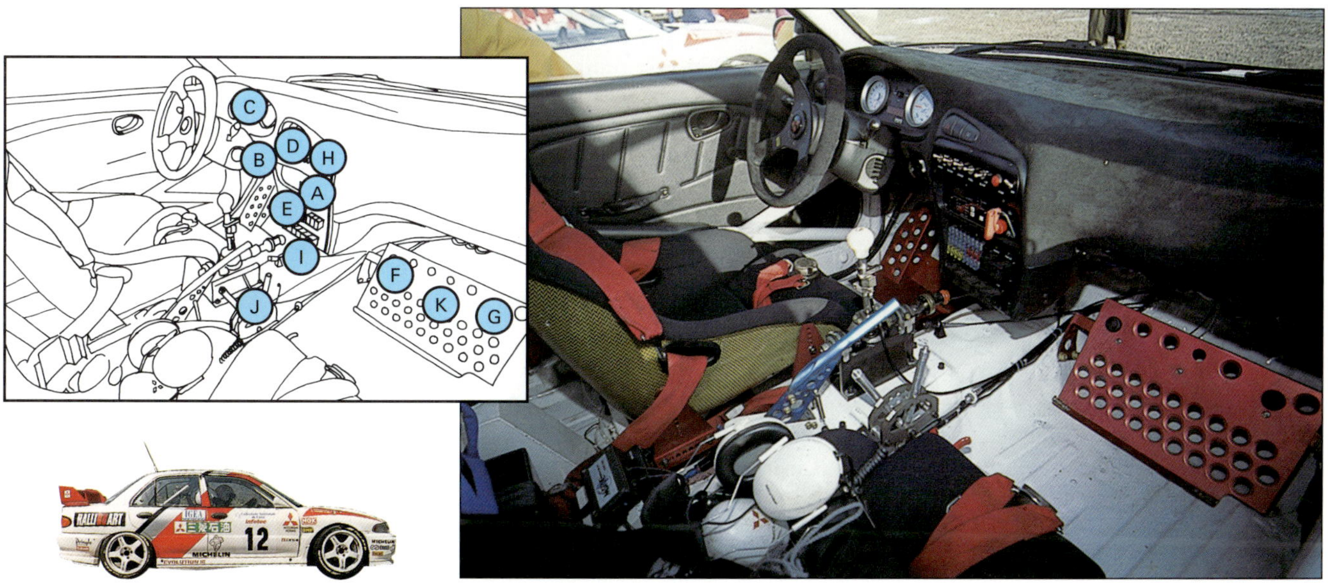

MITSUBISHI LANCER EVOLUTION

A= Interruptor principal, B= Repartidor de travagem C= Painel do piloto, D= Comando das luzes auxiliares, E=Relés/ fusíveis/corta corrente, F= Painel do navegador/controlo do limpa pára-brisas G= Placa para os pés do navegador, H= Piscas, I= Controlo da solfagem, J= Ajustadores do roll-bar, K= Placa de descanso dos pés do navegador.

CORRIDA ATÉ À CIDADE!

John Buffum venceu a edição do 25º aniversário dos "Camiños del Inca", na sua primeira tentativa, e para além de Tony Fall foi o único piloto não sul-americano a alcançar tal feito.

Numa era em que o palpável e o comerciável é considerado o mais importante, ainda existem alguns espíritos livres no desporto automóvel, tipificados por eventos não conformistas como a subida de Pikes Peak e ralis-maratonas que atravessam muitos países. No Perú existe outra prova que desafia a passagem do tempo, no único local onde os carros entram numa corrida de uma cidade para a outra através das estradas que as ligam, numa forma que caracterizava as velhas grandes corridas dos primórdios dos ralis. "Camiños del Inca" é o nome da prova, estranho para além do simples facto de existir. Na história dos ralis é, na verdade, um evento novo: a versão de 1995 foi, de facto, apenas a 25ª edição. A outra coisa estranha é que a ideia não teve origem no Perú mas na Argentina.

Henry Bradley foi o homem que fez tudo acontecer. "Em 1962 fui convidado como piloto de fábrica da Volvo para fazer o Gran Premio na Argentina, que foi ganho por Ewy Rosqvist e eu terminei em sétimo. A corrida tinha 4.600 km, dividida em seis etapas, e fez-me pensar. Era óptima, ainda que não tivesse montanhas como nós no Perú. Falei sobre isto com o meu amigo Roman 'Nicky' Alzamora que imediatamente agarrou a ideia." Demoraram dois anos a descobrir estradas e em 1966 o Automovil Club Peruano estava preparado para realizar a corrida inaugural. Tendo vendido a ideia ao clube, Bradley sentou-se no banco de um carro porque ele tinha gosto em participar! Agora é o Director da Prova, tendo entrado em 18 das primeiras 19 corridas, vencendo sete vezes, incluindo a primeira corrida em 1966.

O rali disputa-se em cinco etapas, ao longo de 2.091 km por estradas públicas encerradas ao trânsito. A primeira e a última etapas desenrolam-se totalmente em asfalto, as três do meio em terra, intercaladas com dias livres para reparações e assistência. No asfalto os carros mais lentos começam primeiro, com 30 segundos de intervalo entre cada um: na terra os mais rápidos largam primeiro, espaçados por dois minutos. Os controlos são feitos dentro de cada cidade, excepto a primeira secção em Lima, onde como concessão à civilização, a corrida começa em Moyopampa, a 40 km da cidade. O tempo que leva a ir de uma cidade para a seguinte conta contra cada equipe, não só numa base acumulável mas também no seu próprio direito. Por esta razão os concorrentes podem optar por quaisquer atalhos que possam encontrar! A verdadeira natureza das estradas de terra força à utilização de carros de ralis: as normas locais autorizam curiosos aerofólios do tipo kit car mas os carros FIA de Grupo A parecem ser cada vez mais competitivos.

"A corrida tem o apoio oficial do governo e, claro, das autoridades locais," afirma Bradley. "Os presidentes de câmara das várias cidades assistem às reuniões com os pilotos, em Cuzco o exército organiza todos os anos uma grande festa em nossa honra. A hipótese de correr depende do trabalho da polícia em bloquear as cidades ao restante tráfego." A corrida é uma das actividades desportivas mais visíveis do país, onde para muitas pessoas o desporto a alto nível é algo que só podem acompanhar pela televisão.

Os "Caminõs del Inca" é um dos seis ralis que se disputam anualmente no Perú. A segunda prova mais importante utiliza o mesmo traçado dos 1.000 quilómetros da secção final dos "Caminõs del Inca", saindo para Arequipa num dia e fazendo o percurso inverso no outro. O tempo recorde é inferior a cinco horas e meia em cada sentido. Tais velocidades parecem assustadoras, mas na realidade não se têm registado muitas tragédias. "Devido às montanhas as estradas são sempre perigosas. Ocorreram três acidentes fatais em 25 anos, tendo falecido seis pessoas. Ao longo de um grande percurso a estrada acompanha o vale do rio Mantaro e aí têm-se dado muitos

Henry Bradley — director da corrida

acidentes. O rio é tão forte que não temos hipóteses de nadar. Das seis pessoas que morreram, cinco afogaram-se." Têm-se contado muitas histórias alarmantes de acidentes quase iminentes. Bradley recorda uma ocasião em que ficou sem travões e o carro entrou em pião: ambas as rodas traseiras ficaram penduradas sobre o precipício. "Outro piloto salvou-se ao embater na única árvore ali existente, mas essa

história teve um fim triste. Os membros da equipe subiram a vereda de volta à estrada e viram no fundo da ravina o pára-brisas de um carro de ralis, que julgaram ser do seu. Depois aperceberam-se que aquele pára-brisas pertencia a um carro que se despistara anteriormente. O rio raivoso levara o resto do carro com os respectivos ocupantes para bem longe da vista."

O conhecimento do comportamento dos animais é um dos truques para se conduzir depressa nas montanhas. "Cada animal reage à sua própria maneira. As ovelhas são estúpidas e tendem a não sair do meio do caminho e os huanacos, um tipo de lama, ficam muito nervosos e têm o hábito de voltarem ao sítio de onde vieram. Quando um lama atravessa a estrada, todos os seus amigos o seguem. As vacas, claro, também são muito perigosas: são demasiado grandes!"

"Curiosamente não temos de ser tão cuidadosos com o motor nas longas rectas como se poderia pensar. Devido à altitude os motores não têm taxas de compressão muito elevadas e eles não desenvolvem o máximo da potência como o fariam ao nível do mar."

Uma das poucas ocasiões exigentes para os motores é a primeira etapa que sobe ao Passo di Ticlio. "Subimos dos 350 m aos 4.800 m em apenas 100 km, por isso não devemos entrar em sobreregime na rápida descida até ao final da secção. A última secção, de Arequipa a Lima, pode ser dura, mas geralmente a corrida já foi decidida muito antes. O conhecimento da progressão dos nossos adversários geralmente só pode ser descoberto quando temos de parar para reabastecer. Na subida para Ticlio, os motores sobreaquecem com frequência inesperadamente. Descobrimos que isto se devia aos ventos predominantes de traseira que vêm do vale. As estradas possuem pisos variáveis — sempre mais duros no lado em que os camiões sobem do que quando descem."

Mesmo este rali, aparentemente eterno, está a mudar. Devido à alteração dos regulamentos respeitantes ao peso dos carros, este foi o primeiro ano que contou com uma grande variedade de carros turbocomprimidos. Bradley tinha corrido com um Toyota turbo durante alguns anos na década de 70 mas depois o regulamento da classe penalizava os veículos com maior peso. "O tamanho ideal do carro deve estar na faixa dos 2,2 aos 2,4 litros." Bradley acolhe bem o regresso destes veículos porque são mais fiáveis e

Perspectiva de John Buffum

Vencedor da Subida de Peak Hill e várias vezes campeão americano de ralis, John Buffum é o vencedor da 25ª edição dos "Caminõs del Inca": "Nunca corri numa prova como esta. A secção do primeiro dia tem cerca de 90 minutos, o segundo dia três horas, que serve e preparação para o terceiro: atravessa-se os Andes quatro vezes, o que leva oito horas! Julgo que os peruanos se intimidam com as ravinas, a que eles chamam "canyons", que podem geralmente ter 200 pés e algumas das quais não se vêem. Qualquer queda de 200 pés é perigosa mas podemos encontrá-las em qualquer lugar."

"A altitude, porém, é algo especial. Só no terceiro dia subimos seis vezes acima dos 3.800 m. Podemos arranjar comprimidos especiais que nos ajudam a adaptar. Eles deram bons resultados quando experimentámos o percurso, mas quando entramos no carro de ralis para os testes, nós não tinhamos os comprimidos e isso foi horrível. Fomos tirar fotografias para recordação no ponto mais alto e só de fazer a pé a estrada para o cume senti que quase morria! Odiaria ter de mudar uma roda naquela altitude. Ficamos com a cabeça tão à roda que temos de nos agarrarmos a qualquer coisa para não cairmos."

não está convencido que sejam mais perigosos. "São melhores para os pilotos porque não temos de puxar tanto por eles. Com um motor normalmente aspirado perdemos cerca de 10% em cada 1.000 metros de altitude. Com o motor turbo este valor é de 1,6%, muito menos, por isso o propulsor tende a ser mais fiável. Eles têm de obedecer às regras internacionais referentes ao tamanho do restritor do turbo. Iremos também continuar a autorizar carros modificados localmente para manter baixos custos, particularmente enquanto permitirem um maior reforço do veículo." A chegada dos carros turbo este ano, porém, ficou marcada por uma série de embaraçosos abandonos logo no início. Raul Orlandini, vencedor nos últimos três anos num Nissan 240 RS, desistiu no seu novo Sunny GTi-R na primeira manhã, o mesmo sucedendo a Ramon Ferreyros, Campeão Europeu de Grupo N, no seu Subaru Impreza.

A corrida é como uma religião para os seus participantes. Cesar Vera, o homem que venceu a classificativa de abertura deste ano num BMW M3, desistiu no final da secção, quando liderava, em Huancayo. "Só queria ter o divertimento de conduzir desde a capital Lima até à minha terra natal com um pneu completamente vazio. Agora sou o homem mais rápido que jamais viveu na minha terra natal." A conversa entre os outros pilotos centra-se à volta dos recordes das classificativas. O tempo de Tony Fall na secção de Huancayo para Ayacucho foi estabelecido em 1969 e só foi batido em 1995 e é um assunto de intenso debate. A estrada está agora parcialmente asfaltada e está num estado muito melhor do que nos anos mais recentes, mas em 1969 estava em condições totalmente perfeitas.

Como é que ainda se pode efectuar uma prova destas? Bradley responde: "A razão principal é que este é um país onde tudo está centralizado na área de Lima, a capital. Quando fechamos uma estrada não estamos a parar o comércio e a indústria de um país. Não creio que venhamos a ter problemas em manter o interesse do governo do nosso país. Manter um evento destes transmite muitas coisas positi-

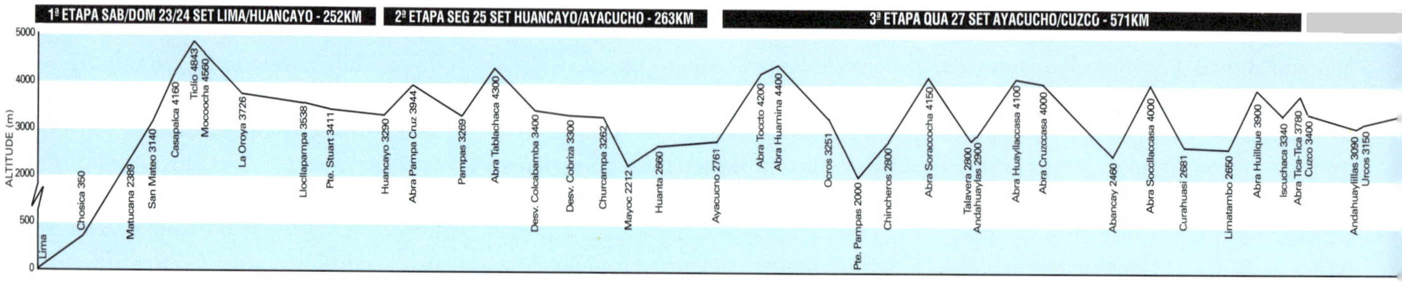

vas acerca do país. A maior ameaça é que as estradas estão inevitavelmente a melhorar todos os anos. Penso que será demasiado perigoso manter esta prova totalmente em estradas de asfalto. Temos disponíveis muitas outras estradas alternativas mas depois este rali perderia o seu carácter. O seu carácter é o factor cidade a cidade. Se o quisermos fazer de outra forma, terá de ser com outro rali!" ❑

Arquivo

Tony Fall, o primeiro vencedor estrangeiro em 1969

VENCEDORES ANTERIORES

1966 Henry Bradley/Cesar Vidaurre (Volvo 122)
1967 Arnaldo + Enrique Alvarado (Ford Mustang)
1968 Henry Bradley/Cesar Vidaurre (Mercedes-Benz 230)
1969 Tony Fall/Gunnar Palm (Ford Escort TC)
1970 Henry Bradley/Cesar Vidaurre (Ford Escort TC)
1971 Teodoro + Elias Yangali (Ford Mustang)
1972 Teodoro + Elias Yangali (Ford Mustang)
1973 Bratzo Vicich/Luis Del Solar (Ford Mustang)
1976 Henry Bradley/Cesar Vidaurre (Toyota Corona)
1977 Dieter Hubner/Alfredo Mendez (Ford Escort RS)
1978 Herbert Grimm/Tater Ledgard (Datsun 160 J)
1979 Henry Bradley/Cesar Vidaurre (Toyota Corona)
1980 Henry Bradley/Eduardo Capamaian (Toyota Corona)
1981 Julio C. De las Casas/F. Galetti (Ford Escort RS)
1985 Jorge Koechlin/Miguel Tudela (Nissan 240 RS)
1986 Ricardo Dasso/Carlos Rey (Toyota Celica)
1987 Pedro Roca/Santiago Echecopar (Toyota Corona)
1988 Henry Bradley/Miguel Baca (Toyota)
1989 Jose Camacho/Jorge Bardo (Toyota Corolla)
1990 Luis Alayza/Ive Bromberg (Nissan 240 RS)
1991 Ricardo Flores/Ricardo Alayza (Toyota Celica)
1992 Raul Orlandini/Oscar Davila (Nissan 240 RS)
1993 Raul Orlandini/Oscar Davila (Nissan 240 RS)
1994 Raul Orlandini/Oscar Davila (Nissan 240 RS)
1995 John Buffum/Mark Williams (Audi Coupe S2)

Nota: Não se disputou em 1974, 1975, 1982, 1983, 1984.

Memórias da Velha Argentina

Muitos dos protagonistas das velhas corridas cidade a cidade da Argentina ainda estão vivas. Eduardo Gesumaria, que popularizou o desporto no seu país através da rádio, falou acerca da maior corrida de sempre em 1948, de Buenos Aires até Caracas na Venezuela. "Os pilotos tinham de ter conhecimentos de mecânica, por vezes participavam 200 concorrentes. O número crescente de acidentes mutilaram o desporto. Os pilotos enfrentavam condições extremas de calor e de frio. Nos anos 60 os carros europeus começaram a dominar e os carros tradicionais TC dirigiram-se para as pistas de competição.

O antigo piloto Eduardo Copello notou que a principal diferença agora é que as provas são mais curtas. "Se queriamos ganhar, tinhamos de andar com os pneus em baixo durante toda a prova. As estradas das planícies colocavam os motores sob forte tensão, às vezes andavamos com os pneus em baixo durante 60 ou 70 km, mas as estradas de montanha eram mais fáceis."

Outro antigo piloto Hector Gradassi recorda: "Era sempre muito perigoso. Tinha sempre receio de um incêndio. Esperavamos que os pneus durassem até que ficassem totalmente gastos: os pneus normais Pirelli eram os mais populares. As corridas eram rápidas: andavamos a 220 km/h no asfalto e abrandavamos para 200 km/h nas estradas de terra."

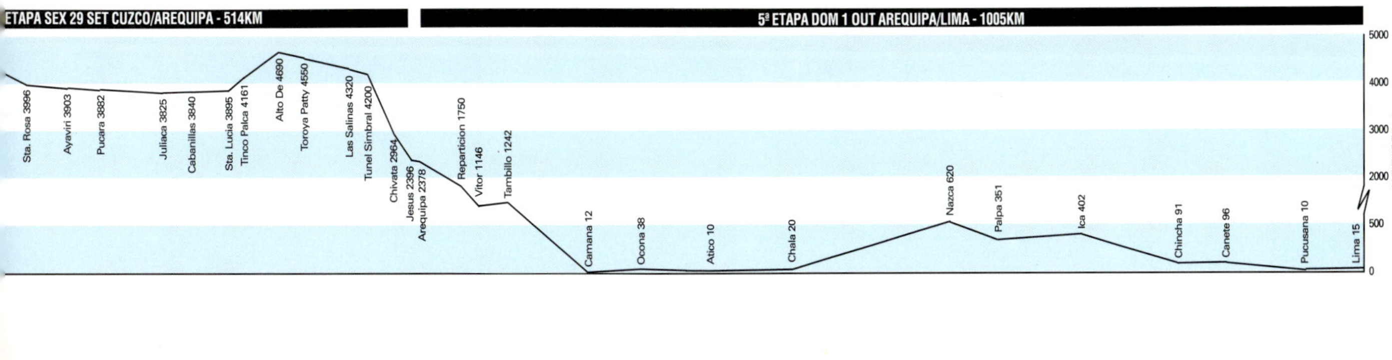

REPSOL
SUBARU
REPSOL
PIRELLI
L 555 REP
STi
SUBARU TECNICA INTERNATIONAL
REPSOL
PIRELLI

1995 1 1995 RALLYE MONTE-CARLO

- Carlos Sainz obteve a sua 2ª vitória em Monte Carlo e deu à Subaru a sua 1ª.
- François Delecour viu o triunfo fugir-lhe devido a uma falha num amortecedor na última noite.
- A implementação da novas regras FIA foi interessante de ver!
- Impressionante, apesar das consequências incertas das novas regras, ainda predominava o equilíbrio entre as equipes: cada uma tinha um carro nos quatro primeiros lugares da geral. Só a Toyota tinha menos andamento.

Etapa 1 A Subaru liderou todo o dia: primeiro com McRae mas ele perdeu dois minutos numa saída de estrada, deixando o colega de equipe na frente, sendo Delecour da Ford o adversário mais próximo. Mau dia da Toyota devido a falta de potência enquanto Kankkunen também perdeu tempo numa saída de estrada. Tempo variável tornou difícil a escolha de pneus.
1º Sainz 1h53m21s; 2º Delecour, a 44s; 3º Makinen, a 1m36s; 4º Auriol, a 1m56s; 5º Kankkunen, a 1m59s.

Etapa 2 Delecour esteve brevemente na frente de Sainz. Saída e estrada e abandono de McRae devido ao gelo, o que também afectou o seu colega de equipe Subaru Liatti, que perdeu 30 minutos. Escolha de pneus novamente difícil devido à neve e ao gelo nas classificativas.
1º Sainz 3h53m00s; 2º Delecour, a 26s; 3º Makinen, a 1m00s; 4º Kankkunen, a 3m31s; 5º Auriol, a 3m33s.

Etapa 3 Delecour aproximou-se de Sainz enquanto Liatti se esforçava por recuperar. Os Toyotas estiveram melhores depois de alguns ajustamentos electrónicos.
1º Sainz 4h38m54s; 2º Delecour, a 12s; 3º Makinen, a 1m04s; 4º Kankkunen, a 3m14s; 5º Auriol, a 3m30s.

Última Etapa Sainz dilatou a sua vantagem no Col de Turini, onde Schwarz e depois Auriol abandonaram. Delecour teve problemas com os amortecedores, mas manteve o segundo lugar. Makinen perdeu tracção nas rodas da frente que permitiu a Kankkunen ascender ao terceiro posto. Algum gelo nas classificativas.
1º Sainz 6h32m31s; 2º Delecour, a 2m25s; 3º Kankkunen, a 3m57s; 4º Makinen, a 4m39s; 5º Thiry, a 4m47s.

As facetas do trabalho de um Campeonato do Mundo. Auriol (acima) suja as luvas ao remover pregos numa zona de assistência e (à direita) batalha através da neve com pneus não adequados.

Carlos Sainz testemunhou o óbvio ao afirmar: "Para vencer esta prova precisamos de um bom carro, bons pneus e uma boa equipe — sem tudo isso não se pode ganhar." Sainz estava mais circunspecto acerca dos problemas que encontrou durante o evento, especialmente no que se referia às novas regras controversas que forçavam os pilotos a fazer de mecânicos. A sua irritação era evidente, mas isso também fez carregar as suas energias mentais com uma determinação impressionante para triunfar.

Tudo neste rali foi visto numa luz diferente. As novas regras da FIA infiltraram-se em todos os aspectos desta prova tradicional e proporcionou quase tanto entretenimento como o verdadeiro rali! As pessoas e os carros pareciam os mesmos, mas as coisas que a entidade federativa internacional exigia eram diferentes. Uma curiosidade era que a liderança no Campeonato de Construtores ia para a equipe que ficou em segundo lugar e não no primeiro como resultava da nova regra dos "dois carros que pontuam." Subitamente, o campeonato tornou-se mais num esforço de equipe.

Para os engenheiros, uma das novidades mais pesadas era a obtenção de uma melhor potência de motor na sequência da introdução de restritores de turbo mais pequenos (34 mm em vez de 38 mm). O resultado final era que a Ford, a Mitsubishi e a Subaru tinham potências equivalentes, mas a Toyota, que estava a utilizar em exclusivo pela primeira vez o Celica GT-Four, descobriu que o carro se comportava bem nas etapas sinuosas mas em potência pura ficava para trás.

TOYOTA
TOYOTA
Castrol
Castrol
REIMS
linelTEX
RECARO
BILSTEIN
DENSO
1
RALLYE MONTE-CARLO

Ao lado, a Mitsubishi utilizou uma dianteira controlada electronicamente e diferenciais centrais pela primeira vez em Monte Carlo mas Tommi Makinen foi vítima de uma falha na última noite. Ele tinha estado em terceiro durante quase todo o rali. Página ao lado: Phillipe Comandona levou o seu Escort à vitória no Grupo N na classificativa final. A sua adversária Isolde Holderied disse: "Talvez tenha facilitado em demasia..."

A Ford enfrentou um desafio especial ao ter ressuscitado o departamento de competição que poucos meses antes fora desmantelado. Quer a Pirelli quer a Michelin tiveram pesadelos antes da prova, receando que as novas esculturas dos pneus fossem pouco competitivas em relação às suas rivais, mas na realidade ambas as companhias fizeram produtos que eram impressionantemente iguais na performance.

Colin McRae liderou na primeira especial mas na segunda saiu de estrada, deixando o seu colega de equipe, Sainz, na frente. François Delecour assumiu o comando no segundo dia embora gradualmente o espanhol recuperasse. Uma das sensações da prova foi Tommi Makinen, agora membro a tempo inteiro da Mitsubishi. "Usei a minha experiência do ano passado na Grã-Bretanha em ralis de asfalto molhado (num Nissan de "F2") com proveito!" As suas esperanças de um terceiro lugar desvaneceram-se perto do final devido a problemas de transmissão. Para McRae, este foi mais um começo de temporada do Campeonato do Mundo decepcionante. Ele recuperou até ao oitavo lugar mas uma saída de estrada, desta vez definitiva, na 12ª especial, em circunstâncias altamente dramáticas, e na

Resultaram as alterações?

Os novos restritores de turbo funcionaram bem, mas os kit cars foram pouco mais competitivos em prestações puras do que os carros ortodoxos de "Fórmula 2", seus predecessores. Excepto alguns detalhes que foram alvo da ira dos pilotos e dos coordenadores de equipe, registaram-se poucas dificuldades de realce com a regra das assistências mesmo que as exigências especiais das condições de invernia de Monte Carlo significasse que as regras não reduziram o número de mecânicos nem de carrinhas. Contudo, aquelas que reduziam os pontos de assistência levaram os pilotos a correr com pneus pouco adequados.

LINDBERG

Menos assistência = mais problemas

A inscrição de equipes não apresentou dificuldades excepto no que se refere à confusão com o novo sistema de ordenação dos pilotos. Os comissários tinham de decidir a ordem de largada em Valence, por isso os carros de fábrica nunca correram em ordem numérica. Houve problemas com o limite de sete dias para reconhecimentos, enquanto as tempestades de neve bloquearam algumas classificativas em alturas críticas. Os sistemas electrónicos de detecção negaram quaisquer suspeitas de assistências ilegais mas houve momentos de interferência com as câmeras e intercomunicadores dentro dos carros e a predominância da natureza gelada do traçado deste ano dissimulou o efeito da regra que proibe pneus slicks.

mesma lomba do seu colega de equipe Piero Liatti.

Qual foi o factor ganhador? Com igual potência, os pneus foram evidentemente um dos factores mais importantes da prova: não tanto pela sua performance mas antes pela sua escolha. Este ano, as equipes tinham de cobrir 60 km de "especiais" entre pontos de assistência. Com três excepções, os pilotos tinham de cumprir duas "especiais" com pneus montados no ponto de assistência anterior. Eram permitidos dois pneus suplentes e os as equipes podiam trocar de pneus entre as "especiais" onde a assistência normal era proibida. Tinham de escolher o compromisso correcto para as condições variadas nas "especiais" sucessivas. Delecour tentou escolhas inteligentes, como levar pneus suplentes de tipos diferentes, por isso tinha dois pneus de um tipo adequado para a segunda "especial", enquanto Carlos Sainz trazia sempre um tipo em cada duas "especiais", o que provou ser a melhor solução. ❑

Campeonato do Mundo de 2 Litros Para Marcas - 1ª Prova

Acima: Jean Ragnotti demonstra que os kit cars não necessitam de ser aborrecidos. Abaixo: Nikolai Burkart alinhou com o único Nissan no evento.

O recém-promovido Campeonato do Mundo de 2 Litros Para Marcas foi decepcionante neste evento. Depois de a Skoda ter deixado escapar o prazo de homologação em Janeiro por falta de produção de kits suficientes, a única equipe a inscrever-se oficialmente foi a Renault com o seu kit car Clio Maxi. Tendo somente utilizado pneus preparados para carros de tracção integral, tiveram alguns problemas com os pneumáticos (paredes demasiado duras) mas conseguiram liderar facilmente a categoria.

Esta foi a primeira vez que os carros de Grupo N (e em teoria de tracção traseira) conseguiram qualificar-se para o Campeonato de Dois Litros e provaram ser surpreendentemente bem sucedidos. Seis destes carros terminaram entre os dez primeiros.

A característica mais frustrante era a falta de comparação conveniente entre os carros turbo com os novos restritores e os kit cars. O tempo e a falta de pneus adequados impediu uma comparação significativa. ❑

Etapa 1 Bugalski liderou todo o dia e fez o melhor tempo em todas as especiais. Ragnotti fez um pião e perdeu tempo num banco de neve. O Nissan Sunny GTi de Nikolai Burkhart começou mal, prejudicado por uma suspensão concebida para o RAC de 94. Abandono cedo do Peugeot 306S16 de Della devido a um problema de motor, enquanto Jean-Claude Andruet (o vencedor do primeiro Campeonato do Mundo de sempre — o Monte Carlo de 1973) capotou o seu Mini Cooper mas continuou.
1º Bugalski 1h57m30s; 2º Ragnotti, a 7m05s; 3º Fores, a 13m32s.

Etapa 2 Das seis classificativas da etapa, Ragnotti e Bugalski venceram três cada um, mas o francês perdeu mais tempo noutra saída de estrada. No final do dia, a Renault ocupava os seis primeiros lugares, mas outros construtores também estavam nos pontos: Fiat, Opel, Honda, Nissan e Peugeot. O Mini de Andruet abandonou com um problema de suspensão.

Etapa 3 1º Bugalski 4h03m56s; 2º Ragnotti, a 11m13s; 3º Mercier, a 22m45s. Bugalski manteve a liderança apesar de parar diversas vezes devido a problemas de acelerador. Patrick Landon da Renault Sport reclamou que os carros de "F2" sofriam mais do que os carros de topo com o facto de terem de fazer duas classificativas consecutivas sem assistência. Dos 11 kit cars Fiat Cinquecento à partida, dois tiveram problemas de transmissão, três saíram de estrada, mas os outros seis terminaram.
1º Bugalski, 4h52m50s; 2º Ragnotti, a 9m41s; 3º Mercier, a 26m03s.

Última Etapa Bugalski saiu de estrada numa secção com gelo e abandonou, deixando a vitória a Ragnotti. Burkart baixou um lugar após uma falha na embraiagem na última classificativa. Três kit cars Cinquecento terminaram entre os 15 primeiros, ainda que tivessem competido contra carros muito maiores.
1º Ragnotti, 7h04m26s; 2º Mercier, a 26m12s; 3º Rubiolo, a 29m11s.

Priscille de Belloy divertiu-se no recém-homologado kit car Fiat Cinquecento Sport de Grupo A.

Dobradinha da Renault: o segundo lugar da dupla Eddie Mercier/UJ. M. Veret (num Clio Williams) proporcionou à marca francesa um grande êxito na "Fórmula 2"

ART
telia
三菱石油
CAP PROGRAMATOR
MICHELIN
SWEDISH RALLY
SYNSAM
Ray-Ban
10
MITSUBISHI
MOTORS
三菱石油

THE INTERNATIONAL
XLIV
SWEDISH RALLY
19 **2** 95

- **Ordens controversas da equipe para Kenneth Eriksson (ao lado) e Tommi Makkinen deram à Mitsubishi a primeira vitória de Construtores nesta década.**
- **Hecatombe para a Subaru: os três inscritos abandonaram com problemas de motor.**
- **O rali da Suécia mais competitivo dos últimos nove anos.**
- **A Mitusbishi obteve a primeira tripla da temporada no Grupo N.**
- **Bruno Thiry, melhor estreante do Rali da Suécia.**

Etapa 1 Os Mitsubishi de Makinen e Eriksson alternaram na liderança e distanciaram-se da oposição ao longo do dia. Sainz, Kankkunen, Jansson, Thiry e Delecour perderam todos tempo em saídas de estrada e o veterano Blomqvist fez um pião. Os Mitsubishi de Backlund e Walfridson lutaram pelo comando no Grupo N.
1º Eriksson, 1h51m25s; 2º Makinen, a 2s; 3º McRae, a 41s; 4º T. Radstrom, a 50s; 5º Sainz, a 1m04s.

Etapa 2 Abandono de Sainz e Delecour com problemas de motor. Makinen momentaneamente passou para a frente do seu colega de equipe, mas acabou o dia em segundo; Pião de McRae, permitindo a Radstrom ascender a terceiro. Líder do Grupo N Backlund perdeu pressão no turbo e tempo para Walfridson.
1º Eriksson, 3h23m14s; 2º Makinen, a 1s; 3º T. Radstrom, a 1m29s; 4º McRae, a 1m33s; 5º Auriol, a 2m00s.

Etapa 3 Durante a noite chegou uma tempestade que continuou pela manhã. Os Subaru de McRae e Jonsson abandonaram com problemas de motor. Makinen assumiu o comando mas, cumprindo ordens da equipe, parou na classificativa final para deixar Erikson ganhar. A Mitsubishi tinha acordado que em caso de mau tempo, aquele piloto que estivesse na frente no final da segunda etapa venceria. Backlund triunfou no Grupo N, apesar de repetidos problemas de combustível.
1º Eriksson 4h51m27s; 2º Makinen, a 12s; 3º T. Radstrom, a 1m07s; 4º Kankkunen, a 2m18s; 5º Auriol, a 2m20s.

Acima: Não é o mesmo Stig Blomqvist que conheciamos? O veterano sueco não gostou do seu rali e foi batido pelo colega de equipe Bruno Thiry. Ao lado, olá, mamã! O vencedor do ano passado Thomas Radstrom foi o piloto melhor da Toyota.

O chefe da Ralliart, Andrew Cowan, afirmou após o rali: "Peço desculpa se alguém ficou aborrecido mas avaliei mal o facto de que Makinen ainda iria andar depressa no último dia mesmo depois de saber que lhe tinhamos pedido para deixar o Eriksson ganhar. Ansiavamos que os pilotos não corressem riscos em condições traiçoeiras. O Eriksson ganhou porque estava a liderar a prova (por apenas um segundo!) quando tomamos a decisão." Foi um fim desagradável para uma história de sucesso impressionante, na qual a participação final do Mark II Evolution proporcionou ao Lancer de tracção integral a sua primeira vitória no

Porque terminou em lágrimas

Andrew Cowan, Presidente da Ralliart Europe, esteve sob a pressão da imprensa no final da prova e deu a cara em circunstâncias difíceis. A Suécia é um país onde o desporto tem mais importância do que a política. Mesmo antes do rali ele disse aos curiosos suecos que a equipe iria "seguramente" participar no Rali RAC apesar das instruções do Japão em contrário. No início da prova, quando escolheu o seu terceiro piloto, Kenneth Backlund foi proibido pelos comissários de pontuar para o Campeonato do Mundo para a equipe, Cowan teve de explicar a confusão com a FIA. Agora ele teve de convencer os suecos a perdoarem aos seus pilotos por terem mentido à imprensa durante este evento. Depois quando as pessoas regressavam a casa veio a lume a notícia que Phil Short iria ser no futuro o chefe da equipe. Era tudo muito estranho e algumas coisas eram estranhas demais para ser verdade. No dia em que só deveria ter havido sorrisos e champanhe, havia um sentimento entre as pessoas que tinham sido guiadas. Para os entusiastas locais o choque foi agravado porque lhes tinha

sido negado um estatuto de prova para o Mundial de Construtores durante sete anos. A linha oficial de promoção referia que o Mundial de Pilotos era o mais importante. Subitamente numa manhã de neve em Karlstad eles aperceberam-se que não tinha sido esse o caso.

Mundial de Ralis. A Ralliart, porém, teve algumas dores de cabeça antes da prova porque quando Kenneth Backlund abandonou à última da hora a equipe oficial, isso significava que a Mitsubishi não tinha um piloto de reserva para pontuar, sendo assim crítico que ambos os Lancer de fábrica ficassem bem classificados.

A partir da segunda especial, os Lancer eram inatacáveis. Makinen era em geral o mais rápido dos dois, mas perdeu algum tempo no segundo dia ao experimentar diferentes regulações das suspensões. O comportamento do Mitsubishi ofuscou as decepções das outras equipes. A Toyota ainda padecia de deficiências com a potência do motor: o seu piloto melhor classificado foi o vencedor do ano passado Thomas Radstrom, terceiro, inscrito como terceiro piloto oficial da marca por troca com Armin Schwarz que terminou em nono na sua estreia sueca. Radstrom ganhou esse lugar depois de bater o seu rival Tomas Jansson numa prova nacional disputada no início do ano.

Na Subaru o sentimento também era de decepção: três carros abandonaram devido ao bloqueio das válvulas de abertura da pressão do óleo. Carlos Sainz tinha andado em segundo e Colin McRae em terceiro, mas o piloto convidado (bicampeão do rali) Mats Jonsson, nunca passou do quarto lugar. Os pilotos da Ford terminaram no fim da classificação e só ganharam uma especial em todo o rali: François Delecour abandonou com o motor gripado e o piloto convidado Stig Blomqvist também teve problemas de motor. Assim, o melhor piloto da Ford acabou por ser o seu novo recruta, Bruno Thiry.

No Grupo N, domínio dos Lancer Evolution. Apesar dos problemas de combustível, Backlund manteve a liderança durante quase todo o rali, enquanto Stig-Olof Walfridson foi segundo. O terceiro lugar foi para Radstrom (Galant VR-4).

Abaixo: nas superfícies mais duras que exigem borrachas mais fortes e mais rigidez nos pregos, a Toyota secretamente usou pneus Lappi em vez dos Michelin

TOYOTA
CIBIE
K-AM 3648

Reacções dos novos pilotos à Suécia

Quatro dos principais pilotos nunca tinha estado antes na Suécia, por isso quais foram as suas maiores surpresas ao participarem neste evento pela primeira vez? BRUNO THIRY: "Era velocidade pura e simples, na neve, no gelo, nas classificativas. A nova regra da FIA que só permite três passagens em cada classificativa nos treinos para o rali tornam este evento extremamente difícil e desgastante para qualquer estreante." O seu outro choque foi a forma como o piloto convidado Stig Blomqvist conduzia no gelo. "Fiz um teste como seu pendura e não podia acreditar como ele conseguia conduzir daquela maneira. Era tão incrivelmente suave e 'calmo'. Só quando vi as árvores a irem ficando para trás é que me apercebi da velocidade a que ele ia!" ARMIN SCHWARZ era o único membro da Toyota que ainda não estivera na Suécia e estava impressionado pelo efeito dos pregos. "Podemos parar no gelo quase tão eficientemente como que com um carro vulgar no asfalto, a eficiência dos pregos era uma coisa do outro mundo!" CARLOS SAINZ tinha estado calmo e atento durante os testes e os treinos: a sua maior surpresa foi a velocidade e também a estreiteza de algumas classificativas. "Também estava espantado com a diferença no poder dos pregos porque nos treinos tínhamos usado pregos normais de estrada que não têm comparação com os pregos especiais permitidos no rali. A diferença é como a noite do dia." FRANÇOIS DELECOUR notou outras coisas acerca da vida na Suécia. "Esta é a primeira vez que consegui treinar um rali sem ter problemas com a polícia local. Os organizadores controlaram o tráfico local muito bem. O único veículo com o qual iamos tendo um encontro foi um autocarro." Ele também se queixou acerca de alguns hoteis. "Não podemos tomar um banho neste país, só um duche, e as camas são ridiculamente pequenas. Não há espaço para que mais alguém se junte a nós!"

Os Celica GT-Four de Produção desiludiram: Arne Radstrom, no carro desenvolvido pela fábrica, abandonou com problemas de motor enquanto Mohammed bin Sulayem foi sétimo no Grupo. ❑

Ao lado: após a decepção em Monte Carlo, a calma prova de Auriol deu-lhe os primeiros pontos do ano. Abaixo: o que vinha à cabeça de Cowan era neve fresca! Tornou a vida mais dura para Eriksson do que para Makinen (aqui) no segundo carro.

Campeonato do Mundo de 2 Litros Para Marcas - 2ª Prova

Liderada pelo vencedor do ano passado da categoria, Per Svan, pela equipe sueca Astra GSi, a Opel obteve os três primeiros lugares da classificação geral. O líderes do Campeonato não estiveram oficialmente presentes e as boas notícias consistiam na primeira aparição da equipe Skoda Felicia Kit Car, com três inscritos: Pavel Sibera e o piloto local Bjorn Johansson conduziram os modelos de 1.500 cc, enquanto Emil Triner dispunha da versão de 1.300 cc. Ao contrário de Monte Carlo, os carros Grupo N de "Fórmula 2" não se evidenciaram: o melhor classificado terminou apenas no nono lugar e nenhum pontuou para o Campeonato de Marcas. Tal como em Monte Carlo assistiu-se a um descontentamento generalizado com a falta de pneus adequados. ❑

Acima: só o número dos concorrentes mudou desde o ano passado! Per Svan dirige-se para outra vitória nos 2 litros no Rali da Suécia. Ao centro: os novos kit cars da Skoda pareciam muito prometedores no início. Ao lado: o primeiro líder, Jorgen Jonasson em VW.

Etapa 1 Inicialmente Jonasson assumiu o comando no seu VW Golf GTi, mas o duelo renhido entre os Opel de Svan e do Finnish Junior Team Kytolehto colocou o sueco na frente no final da etapa. O Skoda de Sibera parou diversas vezes com problemas eléctricos e Johansson abandonou devido a um problema de motor na primeira classificativa.
1º Svan 1h59m09s; 2º Kytolehto, a 12s; 3º Jonasson, a 2m10s.

Etapa 2 Svan venceu todas as classificativas e dilatou a sua vantagem sobre Kytolehto. O Renault Clio Williams de Kruse, subiu até ao quinto lugar, intrometendo-se entre os Skoda sobreviventes.
1º Svan 3h36m59s; 2º Kytolehto, a 1m59s; 3º Jonasson, a 3m56s.

Etapa 3 Abandono de Jonasson, problemas de caixa de velocidades, e de Kruse com transmissão. O VW Golf GTi perdeu uma roda e tempo, enquanto o quarto lugar era do antigo Campeão Júnio- Sueco Eriksson, um protegido de Stig Blomqvist. Os Skoda sobreviventes venceram as respectivas classes, com o de 1.300 cc na frente do de 1.500 cc.
1º Svan 5h09m34s; 2º Kytolehto, a 2m46s; 3º Nilsson, a 10m53s.

O melhor não Opel, Andreas Eriksson no Ford Escort RS2000 preparado por Gordon Spooner.

O finlandês Jarmo Kytolehto (Opel Astra GSi) foi segundo na categoria durante todo o rali, contribuindo assim para que a Opel amealhasse os três primeiros lugares, passando assim para a liderança do Mundial de "F2"

3

RALLYE DE PORTUGAL

- **Segunda vitória na temporada de Carlos Sainz e da Subaru.**
- **A Mitsubishi deixou a sua equipe de Grupo A em casa, mas a de Grupo N ajudou-a a manter a liderança no Mundial de Construtores.**
- **Os Toyotas demonstraram maior potência e só foram batidos na guerra dos pneus no último dia.**
- **Caras descontentes na Ford após o abandono inicial de François Delecour. Bruno Thiry esforçou-se num carro acertado para o seu colega de equipe.**
- **Juha Kankkunen tornou-se o primeiro piloto a superar a barreira dos 1.000 pontos para o Campeonato do Mundo.**

Etapa 1 Kankkunen liderou até à última classificativa do dia, altura em que Sainz passou para a frente. Abandono de Delecour na sequência de uma fuga de óleo devido a um capotanço. A embraiagem de Burns falhou e McRae (na foto) teve problemas de direcção e eléctricos. A Mitsubishi liderou o Grupo N embora Holderied se atrasado quando um tubo do travão traseiro falhou.
1º Sainz, 2h07m51s; 2º Kankkunen, a 6s; 3º Auriol, a 44s; 4º McRae, a 1m11s; 5º Schwarz, a 2m14s.

Etapa 2 Kankkunen voltou a passar para a frente de Sainz. McRae ascendeu ao terceiro lugar quando Auriol capotou o seu Toyota. Burns teve problemas no diferencial central. No Grupo N, Madeira superou o colega da equipe Mitsubishi Recalde.
1º Kankkunen, 3h48m00s; 2º Sainz, a 22s; 3º McRae, a 1m27s; 4º Auriol, a 1m52s; 5º Schwarz, a 3m03s.

Etapa 3 Em condições de humidade Kankkunen perdeu tempo para Sainz apesar de um tubo quebrado dos travões na última classificativa. McRae terminou pela primeira vez na temporada, enquanto Auriol baixou ainda mais quando perdeu a segunda velocidade. Madeira encabeçou a tripla da Mitsubishi no Grupo N.
1º Sainz 5h32m37s; 2º Kankkunen, a 12s; 3º McRae, a 3m14s; 4º Schwarz, a 4m59s; 5º Auriol, a 6m13s.

Mau tempo no último dia foi a mudança de sorte que permitiu a Carlos Sainz assumir o comando apenas a três "especiais" do final. Mas quase que não acontecia. Num momento de desatenção na última especial, ele meteu o Subaru Impreza numa vala e esmagou um tubo do travão. No final da batalha de três dias com o revitalizado Toyota Celica GT-Four de Juha Kankkunen, o espanhol comentou: "Julguei que o meu rali estava perdido e, depois, no fim tudo correu pelo melhor." Sainz debateu-se durante toda a longa e tortuosa "especial" final usando o seu travão de mão para abrandar e venceu o seu segundo rali do Mundial de 1995. Foi outra luta renhida impressionante entre as duas equipes rivais e a diferença nunca foi superior a 22 segundos ao longo do rali.

Desta vez a luta era apenas entre duas equipes, Subaru e Toyota. Os Lancer de Grupo A vencedores do Rali da Suécia estavam ausentes mas a Mitsubishi manteve o comando do Campeonato ao confiar inteiramente nos seus concorrentes de Grupo N. Os incontáveis problemas de motor que afligiram a Toyota, Subaru e Ford na Suécia foram todos retificados a tempo para a terceira das oito provas pontuáveis para o Mundial de 95. O Rali de Portugal provou ser um mostruário de fiabilidade para todos os carros de topo: o único abandono entre os 12 pilotos inscritos para o Mundial de Construtores foi o de François Delecour, que se despistou no primeiro dia e sucumbiu aos problemas daí decorrentes.

Mostrando uma subida de potência que tinha faltado em Monte Carlo e na Suécia, Kankkunen assumiu o comando logo no início e só nas especiais mais escorregadias do último dia é que Carlos Sainz pode disfrutar de uma real vantagem. Os companheiros de equipe do espanhol, Colin McRae e Richards Burns, este último na sua estreia no Rali de Portugal, classificaram-se bem, em terceiro e sétimo, respectivamente. O campeão do mundo Didier Auriol caiu

Ao lado, Carlos Sainz atacou a fundo mas até ao último dia parecia que iria ser batido por Kankkunen. Abaixo, momentos de tensão. Sainz considera a sua escolha de pneus com o engenheiro da equipe David Lapworth em Arganil na manhã final. A decisão tomada aqui deu-lhe a vitória no rali.

REPSOL
555
555
555
SUBARU
PIRELLI
REPSOL
L 555 REP
STi
SUBARU TECNICA INTERNATIONAL
PIRELLI

Acima, alguns maus hábitos perduram. Os espectadores em Sever-Albergaria esticam-se para terem uma melhor visão de Auriol em acção. À esquerda, Bruno Thiry foi mais uma vez o piloto da Ford melhor classificado. À direita: a vida de um Campeão do Mundo virada de cabeça para baixo.

de terceiro para quarto quando capotou no seu Celica GT-Four e perdeu a segunda velocidade, acabando atrás do colega de equipe Armin Schwarz. O equilíbrio assinalável entre a Subaru e a Toyota enfatizou o desapontamento da Ford. Delecour tinha grandes esperanças e foi o mais rápido na segunda "especial"... até se despistar na terceira "especial". Bruno Thiry estava insatisfeito com o acerto do seu carro e o piloto convidado Alex Fiorio estava a correr num Escort pela primeira vez e não tinha competido nos últimos seis meses.

Foi prestada uma atenção cuidada à aplicação dos novos regulamentos que entraram em vigor em Janeiro, no Monte Carlo. A competitividade das recentes batalhas pela liderança fizeram aumentar os apelos para manter a presente fórmula dos ralis para além do seu fim previsto para o final da temporada de 1996. Um outro assunto em debate referia-se à forma como os carros deviam ser pesados. A questão veio à baila quando o carro de Sainz foi oficialmente pesado com menos 60 kg do que o de Kankkunen. Após uma análise mais cuidada descobriu-se que o carro do espanhol não trazia pneu suplente, o que contava para a diferença, mas a possibilidade de uma discrepância tão elevada causou alarme. A Toyota tinha interpretado as normas diferentemente da Subaru, embora após o rali a situação tenha sido clarificada a tempo

Kankkunen estava frustrado por não vencer após liderar 26 das 31 "especiais", mas o segundo lugar foi suficiente para lhe dar a vice-liderança no Mundial de Pilotos.

No Grupo N, a Mitsubishi assegurou uma tripla. O português Rui Madeira foi o primeiro, seguido por Jorge Recalde e Isolde Holderied. ❑

Os 1.000 de Juha

O finlandês Juha Kankkunen começou a sua carreira profissional nos ralis em 1983 com a Toyota, a equipe que ao longo dos anos se tornou a sua casa espiritual, obtendo a sua primeira vitória no Mundial no Safari de 1985. Foi assim apropriado que o seu recorde de 1.000 pontos surgisse no fim da sua décima temporada. A real força do seu talento reside na sua consistência. Ele obteve um total de 1.002 pontos no seu 99º rali, o que lhe dá uma média de pontos superior a 10% por prova, e que equivale a um quarto lugar em todas as provas onde participou. Recordista em termos de títulos de campeonatos, pontos e vitórias, ele é o terceiro em termos de participações no Mundial. O recorde de Juha na percentagem de vitórias só é batido, entre os pilotos de topo, pelo francês Didier Auriol, enquanto o seu número de pódios, baixo número de abandonos e classificações entre os dez primeiros só é superado por um único piloto, o italiano Miki Biasion.

Campeonato do Mundo de 2 Litros Para Marcas - 3ª Prova

Quase desde o início aconteceram coisas absolutamente impressionantes que culminaram no último dia com a vitória supreendente do piloto italiano Piergiorgio Deila num Peugeot 306S16 inscrito por uma equipe privada da República Checa. O segundo lugar foi para outro piloto privado, o austríaco Raphael Sperrer num Opel Astra, enquanto o terceiro posto foi para o antigo Campeão Europeu, Erwin Weber, num Seat Ibiza GTi de 1.800 cc, naquela que foi a primeira aparição oficial da equipe de fábrica espanhola em 18 anos num rali pontuável para o Campeonato do Mundo de Construtores. ❑

Etapa 1 Após a primeira classificativa Gregoire de Mevius distanciou-se até que perdeu três minutos quando a sua caixa de velocidades encravou, permitindo a Freddy Loix assumir o comando. Os dois Renault Clio Maxi de Pedro Azeredo e José Carlos Macedo abandonaram com a armação da caixa de velocidades danificada nas duras estradas.

Etapa 2 De Mevius, equipado com uma nova caixa de velocidades, venceu todas as classificativas na perseguição ao Astra de Loix. Os Skoda de Pavel Sibera e Emil Trinar abandonaram com problemas de caixa de velocidades enquanto cada um liderava a respectiva classe. O Seat de Erwin Weber ficou sem a segunda velocidade enquanto o colega de equipe Antonio Rius, no Ibiza de Grupo N, teve problemas de travões. Sperrer foi atrasado por uma fuga no tubo de óleo, enquanto Piergiorgio Delia se readaptava gradualmente ao seu Peugeot após a sua recente carreira em carros de tracção integral.
1º Loix, 4h13m50s; 2º De Mevius, a 1m54s; 3º Deila, a 9m49s.

Etapa 3 Embora de Mevius tenha alcançado Loix, ambos os pilotos abandonaram com problemas mecânicos na mesma classificativa, dando a liderança a Deila. Sperrer foi o mais rápido em diversas classificativas, enquanto a sorte da Nissan foi parcialmente salva por uma prova louca do piloto alemão Nikolai Burkart, no seu primeiro rali em terra dos últimos dez anos, terminando em quinto.
1º Deila, 6h27m55s; 2º Sperrer, a 7m13s; 3º Weber, a 8m26s.

Página ao lado, Gregoire de Mevius, com pouca sorte pelo segundo ano em Portugal. Abaixo, apesar do número 57 não atrair muita notoriedade a Piergiorgio Deila, o abandono dos dois belgas deram-lhe a vitória na categoria. Ao lado, boa prova da Seat. O carro de Grupo A de Weber tinha caixa de seis velocidades, suspensão revista para terra e um motor que debita 190 cv. Abaixo, Freddy Loix parecia preparado para vencer ainda que de Mevius o tenha apanhado durante os últimos dois dias.

Estreia pouco feliz do kit car Clio Maxi da equipe oficial Renault Gest Galp. Ambos os carros bateram numa pedra no mesmo local, abandonando com o carter partido. Pedro Azeredo (acima) na 10ª classificativa e o seu colega de equipe José Carlos Macedo na 8ª.

KENYA
12
PIAA
PIAA
KAE 786M

1995

Devido ao sistema de rotação das provas da FIA, o Safari foi o primeiro rali da temporada pontuável apenas para o Campeonato de Dois Litros. Decepcionantemente nenhuma das equipes europeias de "F2" se inscreveu, mas tal era a dureza do rali Queniano deste ano que só um carro de 2 litros e tracção dianteira chegou ao fim. Este foi o Daewoo Cielo (Nexia) de Azar Anwar, que fez uma estreia bem sucedida numa prova do Campeonato do Mundo, que se seguiu ao triunfo da Daewoo no Grupo S no Rali Hong Kong-Pequim de 1994. Sammy Aslam, o vencedor na "F2" nos dois anos anteriores, abandonou no segundo dia devido a uma falha na caixa de velocidades dos seu VW Golf GTi, enquanto os restantes oito carros de "F2" inscritos desistiram todos no primeiro dia.

Etapa 1 Aslam liderou facilmente no seu VW Golf GTi, apesar de um problema no eixo do motor, enquanto o Daewoo Cielo de Anwar sofria de vários problemas menores. O número de participantes na "F2" diminuiu com o abandono de seis dos oito carros.
1º Aslam, 4h54m52s; 2º Anwar, a 2h05m42s.

Etapa 2 Aslam, o favorito na "F2" abandonou com problemas de caixa de velocidades, enquanto Anwar prosseguia, apesar dos problemas de travões que ameaçaram deixá-lo desclassificado, pois ficou perto do atraso máximo permitido pela organização.
1º Anwar 18h18m10s

Etapa 3 Anwar aproveitou ao máximo as regras do tempo para se assegurar que o seu Daewoo estava na melhor condição possível. Embora andasse distante dos líderes absolutos do rali, a Toyota, o queniano obteve um resultado de prestígio para a marca coreana.
1º Anwar 32h57m44s.

C Em termos absolutos (Grupo A), a Toyota venceu pela quarta vez consecutiva, somando agora oito triunfos. Fujimoto tornou-se no primeiro japonês a vencer o Safari, superando Shinozuka, da Mitsubishi. Ian Duncan, o vencedor em '94 e o primeiro líder, foi terceiro mas um problema no eixo traseiro devido a um toque numa pedra levou-o a perder muito tempo. No Grupo N, o nipónico Hideaki Miyoshi deu a sexta vitória consecutiva à Subaru. ❑

TOYOTA
Castrol
TOYOTA
RECARO
infotec
TOYOTA
TEAM EUROPE
RECARO
BILSTEIN
1
Castrol
Castrol
CIBIE

4 — 1995 RALLYE DE FRANCE
39e TOUR DE CORSE

- Sexta vitória de Didier Auriol na Córsega permitiu à Toyota aproximar-se da Mitsubishi no Mundial de Construtores.
- Abandono doloroso de Bruno Thiry enquanto liderava a duas classificativas do final. A Ford esteve bastante competitiva e os seus pilotos gostaram da nova caixa de seis velocidades.
- Luta impressionantemente renhida entre os carros de topo levou a um novo recorde de velocidade da prova, apesar dos novos pneus e das regras do turbo. Esperanças que os carros mais leves de 2 litros disputassem a vitória, depressa se desvaneceram.
- O Subaru de Carlos Sainz mostrou pouco andamento mas ele aumentou a sua vantagem no Campeonato de Pilotos.
- Terceira tripla consecutiva da Mitsubishi no Grupo N.

Etapa 1 Thiry superou o seu colega de equipe Delecour no final de uma etapa muito renhida que viu os oito carros de topo a menos de um minuto do líder. Problemas de direcção para Kankkunen e de diferencial central para Sainz.
1º Thiry, 1h38m38s; 2º Delecour, a 6s; 3º Auriol, a 30s; 4º Aghini, a 44s; 5º Sainz, a 51s.

Etapa 2 Thiry manteve a liderança apesar de partir o arco de segurança. Delecour perdeu a terceira velocidade mas permaneceu na frente de Auriol. Schwarz abandonou devido a um problema no alternador numa zona de assistência proibida e Kankkunen perdeu mais tempo, embora a direcção tivesse sido substituída.
1º Thiry, 1m15m59s; 2º Delecour, a 35s; 3º Auriol, a 37s; 4º Sainz, a 1m21s; 5º Liatti, a 1m22s.

Etapa 3 Thiry abandonou numa zona de assistência proibida devido a um rolamento da roda gripado, permitindo a Auriol, que tinha passado Delecour, herdar o comando a duas classificativas do fim. Kankkunen atacou Bernardini pelo sétimo lugar mas teve uma ligeira saída de estrada.
1º Auriol, 5h14m49s; 2º Delecour, a 15s; 3º Aghini, a 57s; 4º Sainz, a 1m18s; 5º McRae, a 1m43s.

Ao vencer a primeira prova em 1995, o actual Campeão do Mundo Didier Auriol afirmou: "Foi uma excelente vitória para o novo Celica GT-Four mas tive muita sorte em ganhar depois dos dramas antes do início." Estava-se a referir não só ao longo período de gestação da última versão do Celica, mas também a um momento de angústia antes da largada. O seu navegador habitual Bernard Ocelli ficou indisponível e o seu lugar foi ocupado pelo francês Denis Giraudet que, pela segunda vez em dois anos, chegou à equipe Toyota e partiu para a vitória. Auriol não correu riscos durante o evento enquanto se acostumava a ouvir a voz do seu novo pendura, mas a cinco classificativas do final desalojou Delecour do segundo lugar, ainda que aparentemente parecesse difícil alcançar o líder, Bruno Thiry.

O belga fizera tudo o que os seus seguidores julgavam ser possível, batendo o piloto número 1 da Ford, François Dele-

cour, pela quarta vez nos últimos meses. Delecour perdera as esperanças de alcançar o seu colega de equipe mas este bateu numa pedra no último dia. O facto forçou Thiry a abandonar com um rolamento de uma roda gripado a duas classificativas do fim, naquilo que foi mais uma das clássicas "tragédias" dos ralis; ele foi uma vítima das normas deste ano referentes às assistências. Este foi o acontecimento inesperado que Auriol necessitou para vencer pela sexta vez na Córsega. O piloto a quem foi negado um título mundial em 1992 devido a uma vela partida disse jocosamente: "Sei como é que o Bruno se sente. Eu próprio também sofri este tipo de emoção."

À esquerda, Carlos Sainz correndo através de Piedicroce na sua luta com Andrea Aghini (abaixo), cujo terceiro lugar justificou a fé da Ralliart e dos seus fãs. À direita, François Delecour gostou da sua caixa de seis velocidades — nos dois primeiros dias, mesmo não conseguindo igualar a velocidade do colega de equipe Bruno Thiry.

À direita: os carros de Grupo N nunca estiveram tão próximos dos líderes como neste rali (uma diferença de 29 minutos), mas no entanto tão no fundo da tabela (18º da geral). Madeira na última manhã Abaixo ao centro: esta é a zona de assistência em Erbalunga. Página ao lado: pôr do sol em l'le-Rousse. Abaixo, da esquerda para a direita: pilotos da Ralliart Germany, Jorge Recalde, Isolde Holderied e Rui Madeira.

As regras de proibição das assistências, que impossibilitaram Thiry de prosseguir, também forçaram o piloto da Toyota Armin Schwarz a abandonar no segundo dia com o carro incólume excepto uma bateria esgotada devido à quebra da correia do alternador.

Durante quase todo o rali, parecia que iria ser um passeio para a Ford. Durante os testes anteriores ao rali foi descoberto que a utilização da caixa de seis velocidades, em vez da habitual de sete, provocava menos confusão nos pilotos e isto traduzia-se em ganho de tempo nas classificativas. Delecour reconheceu ganhar quatro segundos por quilómetro — três minutos num rali como este. A caixa de seis velocidades revelou-se mais fiável até que a de Delecour falhou no segundo dia. François teve de empregar na última etapa a unidade de sete velocidades e gradualmente foi baixando, ficando atrás de Auriol.

Os interesses da Mitsubishi foram defendidos pelo piloto ocasional da equipe Andrea Aghini que ficou em terceiro na sua estreia no Campeonato do Mundo com o Lancer Evolution III. O italiano foi outro piloto que teve traumas antes da prova, despistando-se duas noites antes do início da prova. Os mecânicos da

Mitsubishi tiveram de reconstruir o velho carro de testes para que ele pudesse largar! Tommi Makinen era o único membro da equipe que nunca tinha corrido na Córsega e assim o provou. Foi um choque cultural para o ambicioso finlandês, mas conseguiu ser o quarto na única classificativa totalmente nova do rali.

A boa notícia para a Subaru era a manutenção de Carlos Sainz na liderança do Mundial de Pilotos. A má notícia era que a equipe era muito pouco convincente. Os carros eram pouco competitivos em circunstâncias que os pilotos não conseguiam compreender. Utilizavam pneus Pirelli enquanto as outras três principais adversárias tinham Michelin, mas seria só isso? Eles utilizavam a injecção a água que parecia funcionar bem, mas por mais que Piero Liatti e Colin McRae se esforçassem, cada um só conseguiu ganhar uma classificativa e Sainz nenhuma.

Finalmente, o novo Celica GT-Four esteve bem. Kankkunen pode ter perdido tempo devido a problemas de direcção e numa saída de estrada no último dia, durante cinco minutos, enquanto Schwarz era infeliz, mas o campeão venceu a sua primeira prova da temporada e a Toyota triunfava de novo desde Outubro de 1994.

O abandono inoportuno de Thiry significava que a Ford permanecia em quarto e a Mitsubishi, apesar de ser pouco competitiva com o novo Mark III Lancer Evolution, mantinha a liderança, enquanto a temporada entrava num intervalo pouco habitual, embora a Toyota se tivesse aproximado. ❏

Denis Quê?

Mal soube do dilema de Didier, o antigo Campeão do Mundo Juha Kankkunen (na sua 100ª participação numa prova do Campeonato do Mundo) disse ao francês que esperava que Denis Giraudet lhe trouxesse tanta sorte como lhe tinha dado a ele na Finlândia em 1993. Embora muito experiente em provas pequenas, este era somente o terceiro rali do Campeonato do Mundo e a sua segunda vitória consecutiva. "Sou apenas um homem de sorte que está sempre no lugar certo e na altura certa!" Denis veio ao rali, como habitualmente para cumprir a tarefa de fazer reconhecimentos para a equipe Toyota: verificar se existem condições inesperadas nas classificativas e ajudar a proteger os pilotos de surpresas inesperadas em estradas que não tinham sido verificadas durante vários dias.

Campeonato do Mundo de 2 Litros Para Marcas - 5ª Prova

Na luta pelo Campeonato do Mundo de 2 Litros, os kit cars Clio Maxi da Renault lideraram todo o rali, apesar dos problemas de pneus. O chefe de equipe Patrick Landon explicou: "Foi tão difícil para a nossa equipe porque os fabricantes de pneus ainda não desenvolveram pneumáticos específicos para este tipo de carro: os nossos pilotos tiveram de ajustar o seu estilo de condução para superar as dificuldades." Foi uma proeza para o vencedor da categoria Bugalski, que ultrapassou os problemas psicológicos num triste acidente no Rali Grasse Alpin, a última prova em que a equipe participou.

Foi um esforço determinado da Renault que anteriormente tinha admitido que o seu carro poderia ter uma hipótese de ganhar o rali. Os franceses até produziram motores especiais com diâmetro maior e curso mais pequeno. Enquanto no ano passado Ragnotti terminou em oitavo, a 19m44s do vencedor, o melhor carro de "F2" deste ano foi nono, a apenas 5m36s. A Skoda, que há sete anos não entrava neste rali, ficou aquém das expectativas. A equipe só decidiu ir à Córsega após o atraso na homologação que impediu a sua participação no Rali de Monte Carlo. ❑

Etapa 1 Ragnotti liderou toda a etapa enquanto Bugalski se atrasava devido a um problema no cabo do acelerador. Abandono dos Skoda: Emil Triner com problemas de suspensão após bater numa pedra e Pavel Sibera com falha de motor. Os Peugeot de Gilles Panizzi e Fabien Doenien ficaram na frente dos três Cilo Williams e do Opel de Loix.
1º Ragnotti, 1h40m20s; 2º Bugalski, a 47s; 3º Panizzi, a 2m02s.

Etapa 2 Bugalski, o mais rápido em todas as classificativas, desalojou Ragnotti do comando devido aos problemas deste último: nem os pneus slick ou esculpidos lhe deram sucesso e depois também teve problemas no acelerador. Doenien partiu um amortecedor mas ultrapassou Panzini com problemas no selector da caixa de velocidades.
1º Bugalski, 3h19m50s; 2º Ragnotti, a 20s; 3º Doenien, a 4m40s.

Etapa 3 Ragnotti subiu o parapeito de uma ponte, danificou a suspensão, dando a vitória a Bugalski. Panizzi voltou a passar Doenien e Loix ultrapassou Claude Balesi, subindo ao quinto lugar.
1º Bugalski, 5h20m25s; 2º Ragnotti, a 6m50s; 3º Panizzi, a 7m57s.

Acima: apesar da dobradinha, os Renault Clio Maxi não conseguiram lutar pelo comando do rali. Abaixo, os 3º e 4º lugares do Peugeot 306S16 com carros de dois litros foi encorajador.

Altura de ir para casa. O Felicia Kit Car de Pavel Sibera larga óleo, um mau presságio de uma falha de motor terminal.

Tendo como pano de fundo o Mar Mediterrâneo, Claude Balesi, em Renault Clio Williams, ataca a fundo uma curva, procurando defender o seu quinto lugar. O seu esforço foi, no entanto, inglório, uma vez que Freddy Loix conseguiu desalojá-lo dessa posição

IBIZA
Philips Car Systems
MAGNETI MARELLI
ERWIN WEBER
M. HIEMER
REPSOL
MICHELIN
OMP
ACROPOLIS
4
Recambios Originales
SEAT
Philips Car Systems
NECTO

42 ACROPOLIS RALLY

ALPHA ΤΡΑΠΕΖΑ ΠΙΣΤΕΩΣ

A Seat foi a sensação com o novo Ibiza 1.8 GTi, obtendo uma dobradinha. A Opel retomou o comando do campeonato graças a Loix que, após um bom início, teve problemas, baixando até ao 31º lugar no fim da primeira etapa, embora tenha recuperado, terminando num honroso 9º lugar. A Renault não pontuou pois a sua maior esperança "Leonidas" abandonou. Pela primeira vez a Seat inscreveu dois carros de Grupo A (Weber e Rius), enquanto a Skoda optou por inscrever dois Felicia de 1.500 cc. Apesar das fortes participações dos concessionários Nissan da Alemanha e Grécia, só um dos Sunny GTi terminou, mas isto foi suficiente para a subida ao 3º lugar.

Etapa 1 Quatro pilotos de quatro marcas diferentes lideraram nas primeiras quatro classificativas. Loix (Opel), na 1ª mas bateu numa pedra, furou dois pneus e depois saiu de estrada, perdendo 15 minutos. "Leonidas" (Renault) assumiu o comando na 2ª mas atrasou-se com problemas de estabilidade. Depois foi a vez de "Stratissino" mas um furo permitiu a Emil Triner (Skoda) passar para a frente. Posteriormente o checo veio a abandonar quando a suspensão cedeu, deixando Weber, e uma quinta marca, no comando.
1º Weber, 2h10m04s; 2º Rius, a 2m10s; 3º "Stratissino", a 3m32s.

Etapa 2 Weber manteve a liderança. "Leonidas" teve problemas de ignição no parque fechado e depois abandonou ao ouvir um ruído pouco saudável na transmissão. Loix recuperou até ao 13º lugar, e após uma forte súbita chuvada, o motor de Sibera ficou a trabalhar com apenas dois cilindros.
1º Weber, 4h38m18s; 2º Rius, a 2m37s; 3º "Stratissino", a 5m18s.

Etapa 3 Weber e Rius completaram a dobradinha da Seat na "F2". "Stratissino" manteve-se na frente de Sibera. Loix recuperou mais duas posições e, com o Corsa de Kaltsounis, somou pontos suficientes para deixar a Opel de novo na frente.
1º Weber, 6h40m28s; 2º Rius, a 3m00s; 3º "Stratissino", a 8m02s.

Dada a ausência dos principais carros do Mundial de Ralis de Grupo A, Aris Vovos (Lancia HF Integrale) não teve dificuldades em vencer o rali, tendo beneficiado das desistências dos principais favoritos, Biasion e Patrick Snyers. ❑

Sibera Pavel O-
Gross Petr A+
MICHELIN
RALLY YPF ARGENTINA '95
CORDOBA
2
SKODA PLATENSE
Avda. L. N. ALEM 693-5 P.
Tel. 315-9316 2584
Fax 315-2660
Castrol
MICHELIN
proflex
FERODO
FACOM
sparco
speedline
ŠKODA
MICHELIN

15º RALLY YPF ARGENTINA '95

5 al 8 de julio CORDOBA

A prova com mais inscrições até agora na "F2". Muitos dos carros foram produzidos localmente e dispunham de motores de 2 litros mas no final a vitória foi para a Skoda, naquela que foi a primeira participação oficial da equipe na América do Sul. O triunfo dos checos foi o primeiro nesta temporada e foi alcançado por Pavel Sibera. A liderança no campeonato foi reconquistada pela Renault France, graças ao privado austríaco Stefan Reininger num Clio Williams de Grupo N. O Renault 18GTX são fabricados e homologados pela Renault Argentina e não podem pontuar para casa-mãe. O único Peugeot a terminar foi o 405Mi16, 2 litros, de Raul Sufan, quarto na categoria, que foi o suficiente para deixar a marca em segundo lugar. A Opel primou pela ausência e tomou mais um passo para se excluir do campeonato de "F2", visto que os regulamentos estipulam que o vencedor tem de participar numa prova fora da Europa.

Etapa 1 Bescham assumiu o comando no Peugeot 405Mi16, seguindo-se os Skodas de Siber e Triner. A embraiagem deste último, que patinava, e a caixa de velocidades foram substituídas. O Renault Clio Williams de Gabriel Raies saiu de estrada na 3ª especial, enquanto Carlos Malarczuk danificou a suspensão traseira do seu Peugeot 405Mi16. Suriani foi o melhor dos Renault 18GTX.
1º Bescham, 38m56s; 2ºs Sibera e Suriani, a 49s.

Etapa 2 Bescham abandonou com uma falha no pistão e Sibera herdou o comando. Triner teve um problema na direcção e perdeu 20 minutos mas terminou a etapa em sexto na "F2". O melhor local era agora o irmão mais novo de Gabriel Raies, Juan Pablo, que passara Suriani.
1º Sibera, 3h2246s; JP Raies, a 10m27s;
3º Suriani, a 12m47s.

Etapa 3 Suriani e Juan Pablo Raies desistiram: problemas de motor e suspensão danificada. Triner subiu a terceiro. Reininger foi quinto no seu Clio Williams, vencendo ainda no Grupo N.
1º Sibera, 5h39m30s; 2º Torras, a 18m28s;
3º Triner, a 20m48s.

Naquela que foi a edição mais curta de um rali do Mundial desde o Rali da Suécia de 1987, a prova argentina teve como vencedor da geral Jorge Recalde (Lancia HF Integrale). ❑

555
REPSOL
555
SUBARU
555
SUBARU
PIRELLI
REPSOL
L 555 BAT
STi
SUBARUTECNICA INTERNATIONAL
PIRELLI

5 SMOKEFREE RALLY NEW ZEALAND

27-30 JULY 1995

- Terceira vitória consecutiva de McRae e da Subaru. Auriol lidera o Mundial de Pilotos e a Toyota o de Construtores.
- Pela primeira vez, as equipas de topo usavam diferenciais centrais activos.
- Ausência de Sainz devido a um acidente, um mês antes, com uma bicicleta de montanha.
- Recalde liderou o domínio da Mitsubishi no Grupo N quase desde o início.

Etapa 1 Makinen, sétimo, apanhou estrada mais limpa do que os primeiros concorrentes e passou para o comando. Seguiam-se Schwarz e Auriol. Recalde liderou o Grupo N mas Holderied desistiu pela primeira vez numa prova do Mundial devido a uma suspensão danificada.
1º Makinen, 42m31s; 2º Schwarz, a 08s; 3ºs Auriol e Eriksson, a 11s; 5ºs Kankkunen e McRae, a 13s.

Etapa 2 McRae atacou a liderança, ajudado pela saída de estrada de Makinen. Fujimoto perdeu a tracção dianteira, enquanto Thiry bateu numa pedra, partindo uma roda e um tirante. Abandonou depois ao não conseguir partir com o seu carro após a última assistência do dia.
1º McRae, 2h05m26s; 2º Auriol, a 12s; 3º Schwarz, a 29s; 4º Kankkunen, a 35s; 5º Eriksson, a 37s.

Etapa 3 McRae dilatou a vantagem na longa classificativa de Motu; Burns desistiu devido a um radiador danificado num vau. Eriksson esteve brevemente na frente de Schwarz, mas fez um pião devido a uma má escolha de pneus, deixando a Toyota com o segundo, terceiro e quarto lugares. Delecour perdeu tempo, tendo batido numa pedra, danificando a suspensão do seu Ford.
1º McRae, 4h18m00s; 2º Auriol, a 1m03s; 3º Kankkunen, a 1m34s; 4º Schwarz, a 2m10s; 5º Eriksson, a 2m28s.

Etapa 4 McRae conduziu regularmente até à meta, deixando os seus rivais fazerem os melhores tempos nas classificativas. Ordynski e Madeira foram os mais rápidos no Grupo N, mas Recalde manteve a sua liderança.
1º McRae, 5h33m06s; 2º Auriol, a 44s; 3º Kankkunen, a 1m09s; 4º Schwarz, a 1m45s; 5º Eriksson, a 2m32s.

Colin McRae proclamou, depois de obter a terceira vitória consecutiva na Nova Zelândia: "Foi a combinação do Subaru, dos pneus Pirelli e de mim." O escocês assumiu o comando na segunda etapa quando numa só classificativa subiu de quinto para primeiro. Depois consolidou a sua posição na longa e tortuosa classificativa de Motu, no terceiro dia, onde foi 35 segundos mais rápido do que os adversários. Makinen despistou-se enquanto liderava: como consequência do seu abandono e dos 2º, 3º e 4º lugares da Toyota, a Mitsubishi viu terminar os cinco meses de comando no Mundial de Construtores e a Toyota viu-se na frente com uma vantagem de 18 pontos. O segundo lugar do Campeão do Mundo Auriol colocou-o na liderança do Mundial de Pilotos, embora com a margem de só um ponto para Kankkunen e Sainz. A Mitsubishi dominou o Grupo N, amealhando os primeiros oito lugares após a saída de estrada no terceiro dia de Navarra (Toyota).

As tortuosas e pedregosas estradas de terra

da Nova Zelândia formam um desafio único embora este ano se tenham disputado mais classificativas na costa oeste da North Island. As novas "especiais" foram escolhidas para ajudar a centralizar as zonas de assistência, cumprindo-se os requisitos da FIA e pelo quinto rali consecutivo as regras para a assistência foram diferentes.

Só a Ford utilizou controlo de tracção assim como diferenciais activos centrais. Delecour esteve doente durante o rali e caiu até ao sexto lugar. Bruno Thiry abandonou quando o motor se recusou a trabalhar num parque de assistência, ainda que Neil Allport, na sua primeira prova em 18 meses (na estreia num carro com volante à esquerda e caixa de sete velocidades) terminou em oitavo. A Ford só ganhou duas classificativas.

À esquerda, o líder Tommi Makinen aventura-se na 10ª classificativa (acima) ao longo do rio Awaroa, saiu de estrada (ao centro) dois quilómetros antes da meta e é acompanhado (abaixo) por um dos caçadores de souveniers no longo caminho de regresso. À direita, Juha Kankkunen passa junto aos restos de velhos vulcões.

A Revolução do Diferencial Activo

O diferencial central foi sempre um factor fundamental na influência do comportamento de um carro de tracção integral. A afinação dos diferenciais ortodoxos é escolhida de acordo com as situações médias, sendo inferior ao controlo ideal em muitas circunstâncias. O controlo activo é obtido através de métodos electrónicos e significa que o diferencial pode trabalhar optimamente em todas as circunstâncias. Melhora a estabilidade nas travagens, proporciona um curvar mais eficiente e depois maximiza a aceleração na saída da curva. Ao possibilitar que cada operação trabalhe ao seu melhor, poupa-se muito tempo nas classificativas.

McRae capitalizou a pouca eficiência do Celica GT-Four nas classificativas tortuosas, mas Richard Burns desistiu em Motu, enquanto Possum Bourne só teve ritmo no último dia.

No Grupo N, Jorge Recalde liderou quase desde o início, seguido por Rui Madeira, mas Isolde Holderied abandonou depois de danificar a suspensão do Mitsubishi na primeira classificativa.

A Mitsubishi Ralliart só levou dois carros de Grupo A, confiando a Ed Ordynski, num veículo de Grupo N, a terceira representação para o campeonato. O australiano, pela primeira vez num Lancer Evolution III, não pode igualar a velocidade da equipe Mitsubishi Germany nos Evolution II, mas gradualmente ascendeu ao terceiro lugar da Produção. A velocidade inicial de Makinen surpreendeu muitos mas ele ficou furioso com o seu acidente. "O despiste foi inteiramente por culpa minha. Esqueci-me simplesmente de uma curva."

A vitória de McRae foi um encorajamento para a Prodrive, ainda chocada com a longa convalescença de Sainz. Estranhamente, a Subaru tinha ganho três dos cinco ralis mas encontrava-se no terceiro lugar do Mundial de Construtores. ❑

Acima, François Delecour teve uma prova péssima, conduzindo sempre com febre. A sua situação piorou quando uma rocha danificou a suspensão e ele teve de guiar durante 30 quilómetros até uma assistência com o carro neste estado. À direita, Didier Auriol ataca em direcção ao segundo lugar, o melhor Toyota num rali onde o Celica não era o mais apropriado.

2
TOYOTA
Marlboro
Castrol
K-AM 2390
MICHELIN
CIBIE

Campeonato do Mundo de 2 Litros Para Marcas - 8ª Prova

O sucesso da Toyota foi engrandecido pela vitória na prova do Campeonato de Dois Litros, o segundo triunfo consecutivo na categoria neste rali para o piloto local David Black, sendo a sétima marca a vencer nas oito provas até agora disputadas.

A categoria "F2", num país onde tais carros não são muito utilizados nos ralis, contou com a participação de seis construtores diferentes, três dos quais ainda não tinham obtido qualquer pontuação nesta temporada.

O vencedor de Pikes Peak, Nobuhiro Tajima, ao volante de um Suzuki, comandou até ser atormentado por um problema a nível electrónico, que demorou várias percursos especiais de classificação a rectificar. Isto custou-lhe cerca de seis minutos e permitiu ao

Corolla de Black passar para frente. Tajima teve diversos outros problemas mas quando o seu carro melhorou ele recuperou, terminando com apenas um minuto de atraso em relação ao Toyota. A equipe Peugeot assumiu o comando do campeonato graças a Craig Marshall que terminou em terceiro num 306S16.

Etapa 1 Hynes partilhou o comando com Tajima após a primeira classificativa mas depois saiu de estrada, danificando a suspensão, deixando o piloto da Suzuki na frente dos Toyota de Black e Buist e do Peugeot de Marshall.
1º Tajima, 49m43s; 2º Black, a 1m13s; 3º Marshall, a 1m18s.

Etapa 2 Um problema eléctrico impediu o motor do Suzuki Swift GTi de Tajima de subir acima das 5.000 rpm, o que lhe custou aproximadamente seis minutos. Black ficou assim no comando com uma vantagem bastante confortável.
1º Black, 2h27m40s; 2º Buist, a 1m08s; 3º Kageyama, a 4m37s.

Etapa 3 O escape de Black caiu na classificativa de Motu; Buist e Kageyama tiveram de parar e trocar de pneus. Tajima subiu ao segundo lugar enquanto Marshall prosseguiu apesar de uma falha no suporte do motor e de um alternador que caiu.
1º Black, 5h02m42s; 2º Tajima, a 2m57s; 3º Buist, a 5m59s.

Etapa 4 Black manteve a liderança até ao final apesar de uma fenda no refrigerador do óleo. Tajima venceu as sete classificativas finais mas não conseguiu alcançar Black, enquanto Buist foi desclassificado.
1º Black, 6h26m33s; 2º Tajima, a 1m01s; 3º Marshall, a 11m26s.

Isto deu à equipe francesa uma vantagem de 37 pontos no campeonato sobre a Renault, que não esteve presente. Ao não participar nesta última prova fora da Europa, a Opel auto-excluiu-se da luta para o título. ❑

À esquerda, Black foi o primeiro piloto totalmente independente a vencer uma prova da "F2" com o seu Toyota Corolla.
À direita, Dave Strong foi o melhor classificado em Grupo N na "F2".
Abaixo à esquerda, Craig Marshall, filho do antigo piloto de ralis neo-zelandês Mike, foi a ponta de lança da Peugeot no evento.

A dupla japonesa Tsutomu Nakamura/Masaharu Yamakawa, num Honda Civic GTi, terminou a prova num distante 41º lugar da geral mas na "F2" conseguiu classificar-se no sexto posto

ASTRA
400
Mobil 1
TIM ASHTON MOTORSPORT
X-1825
GRAND MARINA
GRAND MARINA
Mobil 1
MICHELIN

NESTE 1000 Lakes Rally Finland '95

O triunfo na categoria "F2" deixou a Opel no comando do campeonato (Kytolehto primeiro e Svan segundo), ainda que a marca não possa conquistar o título, visto que não participou em nenhuma prova fora da Europa. A Nissan perdeu dois carros devido a acidentes no primeiro dia e Alister McRae superou dois problemas de motor, terminando em terceiro. Esta foi a primeira vez desde 1989 que um carro de "F2" bateu um veículo de Grupo N neste rali. Os Skoda de 1,5 litros terminaram em quarto e quinto na categoria, numa prova onde a potência era importante, enquanto os três Seat chegaram ao fim apesar da sua inexperiência no rali.

Etapa 1 O Nissan de Mokkonen liderou a "F2" até sair de estrada na 5ª classificativa; o colega de equipe de Mevius abandonara na 3ª classificativa depois de fazer um pião e bater num poste de telégrafo. Depois os pilotos da Opel, Rovenpera, Kytolehto e Svan, disputaram entre si o comando na categoria. Laukkanen capotou no seu VW mas só perdeu 20 segundos. McRae atrasou-se devido a uma falha na embaladeira.
1ºs Kytolehto e Rovanpera, 1h46m26s;
3º Svan, a 8s.

Etapa 2 Kytolehto ganhou vantagem na categoria "F2". Svan tinha pouca visibilidade devido a um desembaciador avariado, enquanto Rovanpera desistiu na última classificativa com uma falha no motor, tendo sofrido anteriormente de problemas de travões. McRae continuou a subir na classificação, e Rius prosseguiu, ainda que tenha saído de estrada duas vezes.
1º Kytolehto, 4h04m17s; 2º Svan, a 1m08s;
3º McRae, a 3m42s.

Etapa 3 Kytolehto manteve a liderança na "F2", mas Laukkanen abandonou na derradeira classificativa com um problema de transmissão, numa altura em que estava no quarto lugar. McRae teve o segundo problema com a embaladeira mas não perdeu qualquer lugar.
1º Kytolehto, 4h59m06s; 2º Svan, a 1m02s;
3º McRae, a 4m07s.

Esta edição foi um grande sucesso para a Mitsubishi. Tommi Makinen liderou durante toda a prova. O único sério adversário foi Juha Kankkunen que desistiu na primeira classificativa. Marcus Gronholm (Toyota Celica Turbo 4WD) foi segundo e Jarmo Kytolehto (Opel Astra GSi), terceiro. ❑

10
Pringle
MITSUBISHI OIL
M7 MRE
RALLIART
Pringle

Telstra 19 6 95 Rally Australia

- Segundo triunfo de Eriksson em 1995 relançou a Mitsubishi na luta pelo campeonato, estando agora a cinco pontos da Toyota.
- Juha Kankkunen e Colin McRae passaram Didier Auriol e Carlos Sainz no Mundial de Pilotos.
- A Mitsubishi dominou o Grupo N. O Subaru de Masao Kamioka, terceiro, foi o melhor não-Mitsubishi.
- Muitos acidentes entre os pilotos de topo levantaram a questão da escassez de reconhecimentos num traçado que é muito específico.

Etapas 1 e 2 A Subaru perdeu dois dos três carros. McRae foi o sobrevivente. Bourne saiu de estrada e Sainz bateu num cepo que perfurou o radiador do seu carro. Kankkunen liderou, seguido por Auriol, Eriksson, Makinen e McRae. Auriol capotou o seu Toyota e abandonou com uma falha na correia do alternador. Mau dia para a Ford: Thiry saiu de estrada duas vezes; Delecour teve problemas no diferencial central. Tripla para a Mitsubishi no Grupo N, liderado por Ordynski.
1º Kankkunen, 2h03m58s; 2º McRae, a 16s; 3º Makinen, a 23s; 4º Eriksson, a 29s; 5º Schwarz, a 2m13s.

Etapa 3 Kankkunen perdeu o comando quando saiu de estrada por duas vezes, emperrando os amortecedores. McRae e Eriksson terminaram a etapa na frente. Delecour bateu numa árvore e abandonou. Thiry aterrou mal após um salto e dobrou a direcção mas prosseguiu. Ordynski manteve a liderança do Grupo N; Madeira desistiu ao não conseguir fazer pegar o carro após o reagrupamento em Bunnings.
1ºs Eriksson e McRae, 3h46m47s; 3º Makinen, a 18s; 4º Kankkunen, a 1m04s; 5º Schwarz, a 3m19s.

Etapa 4 Eriksson distanciou-se de McRae quando o escocês errou uma curva e deixou o motor ir abaixo, depois fez um pião. Eriksson liderou até ao final. Makinen bateu num rocha e partiu a suspensão dianteira, mas conseguiu terminar. Ordynski venceu o Grupo N, apesar do turbocompressor ter explodido.
1º Eriksson, 4h53m59s; 2º McRae, a 19s; 3º Kankkunen, a 1m55s; 4º Makinen, a 3m27s; 5º Schwarz, a 4m11s.

Um rejubilante Kenneth Eriksson resumiu os seus sentimentos ao vencer o Rali da Austrália: "Comecei o último dia completamente à vontade. Tinha a certeza que ia ganhar." Naquela que foi a sexta prova do Mundial de Ralis e a quarta do Campeonato Ásia-Pacífico (composto por seis ralis), este triunfo teve uma importância dupla, constituindo um grande encorajamento para a Mitsubishi em ambos os Campeonatos. Contudo, só surgiu no final de um rali caracterizado por imensas peripécias. Houve uma série de acidentes como os de Didier Auriol e François Delecour, assistiu-se à desistência infeliz de Sainz, que reapareceu após a sua lesão no ombro. A Ford e a Subaru terminaram com um só carro. Eriksson teve momentos de sorte: "Batemos num cepo que estava na estrada na 8ª classificativa e felizmente o carro não ficou muito danificado. O Carlos bateu no mesmo cepo e teve de abandonar porque o seu radiador furou." No dia seguinte, o sueco beneficiou da quebra surpreendente de rendimento dos Toyota.

Os Celica GT-Four estiveram bem na primeira etapa até que Auriol abandonou na sequência de um capotanço; depois no segundo dia, os novos amortecedores ins-

Acima, Bruno Thiry foi novamente o melhor piloto Ford e também o melhor estreante num rali muito especializado. À esquerda, trazer pessoas aos ralis. Os organizadores da prova australiana deram mais um passo este ano com a parada dos pilotos de topo na rua principal de Perth. Ao lado, Colin McRae mostrou através da derrota uma nova dimensão do seu carácter: a maturidade garantiu-lhe o segundo lugar.

REPSOL
555
SUBARU
PIRELLI
REPSOL
4

Não vêem a madeira para as árovres?

O Rali da Austrália estabelece tradicionalmente os padrões de agradabilidade dos concorrentes e é um dos melhores do mundo em termos de competência organizativa. Os seus responsáveis têm plena consciência que tais padrões estão sempre a mudar. Existem muitas características especiais acerca do desafio que esta prova cria aos pilotos. Existe um número pouco usual de curvas traiçoeiras, frequentemente efectuadas a baixa velocidade, onde as lombas podem atirar os carros para fora da trajectória e que são fáceis de não se darem com elas nos reconhecimentos anteriores ao rali. Em segundo lugar, muitas das secções mais rápidas do traçado são dificeis de fazer a alta velocidade e a experiência anterior nesta prova é deveras importante. Em terceiro lugar, existem muitas árvores que estão muito perto da estrada e em quarto, as camadas de pequenas pedras tornam as classificativas extremamente escorregadias e por isso o carro torna-se muito traiçoeiro e difícil de controlar. Além disso, como em todos os ralis do Mundial, há agora uma oportunidade limitada para aprender antecipadamente as classificativas.

Causa...

... e efeito

As árvores constituem uma característica importante do terreno. Representam um desafio para os fabricantes de pneus: os danos causados pelos cepos é tão agudo como os causados por rochas, tornando imprescendível a utilização de mousse anti-furo. São igualmente muito duros. Os dois maiores acidentes deste ano foram protagonizados por Possum Bourne e Hideaki Miyoshi e ambos tiveram como causa as árvores. O Campeão Ásia-Pacífico avaliou mal uma curva rápida, onde, durante os treinos, fora seguido muito de perto por outro piloto que não se apercebeu da ocorrência. O seu Subaru raspou numa árvore e fez um pião em direcção a outra árvore a alta velocidade. Miyoshi capotou o seu Subaru de Grupo N (foto à esquerda), saiu de estrada a alta velocidade batendo numa árvore de pernas para o ar. A árvore tinha cerca de 20 cm de diâmetro mas o carro enrolou-se à sua volta, e como o seu lugar se comprimiu contra o tecto, o navegador Mike Corner ficou com algumas vértebras partidas.

Uma possível solução desta questão passa pelo aumento do número de passagens anteriores ao rali pelos concorrentes, ainda que isto seja regulado pelas normas do campeonato e o efeito seja discutível. O responsável do rali Garry Connelly está bem consciente das responsabilidades dos organizadores. "Tomamos recentemente enormes passos na redução da velocidade média nas classificativas e dispendemos muito dinheiro na construção de classificativas especiais no final do complexo de Bunnings e agora temos de as abandonar por serem demasiado rápidas. Os carros de ralis estão sempre a tornar-se mais rápidos, mesmo com medidas como os restritores de turbo, e temos sempre de reconsiderar o traçado."

talados nos carros de Kankkunen e Schwarz começaram a falhar inesperadamente e os veículos ficaram rijos, os pneus desgastaram-se e a estabilidade deteriorou-se. O líder do rali, Kankkunen, perdeu a confortável vantagem de 17 segundos e após duas classificativas caiu para o quarto lugar. Depois disto, os Toyota não estiveram ao mesmo nível no resto do rali, ainda que o finlandês tenha recuperado, terminando em terceiro.

A partir do início da segunda etapa até ao final Eriksson travou uma luta renhida com Colin McRae. Os ligeiros erros do escocês no último dia deram ao sueco algum tempo para respirar. Contudo, o segundo lugar de McRae proporcionou--lhe a vice-liderança do Mundial de Pilo-

tos, a melhor classificação de sempre de um piloto britânico.

O Rali da Austrália teve um traçado pouco habitual, com pistas através das florestas que não tinham uma ritmo natural e curvas de difícil avaliação. Os regulamentos deste ano que restringiram os treinos beneficiaram os pilotos com maior experiência na prova. O melhor estreante foi Bruno Thiry (Ford), sexto, mas danificou o carro após uma forte "aterragem", enquanto Makinen (no seu segundo rali aqui) esteve bem nos primeiros dois terços mas perdeu algum tempo (e o terceiro lugar para Kankkunen) quando danificou a suspensão na sequência de má avaliação de uma curva.

No Grupo N, Ed Ordynski demonstrou a sua competência para a equipe Mitsubishi: ganhou pela sexta vez neste agrupamento. Será de referir que oito dos dez carros de Produção que terminaram eram modelos Lancer Evolution. ❑

Acima: o primeiro líder Didier Auriol no sul, na classificativa de Dongara Ridge. Ao lado, Michael Guest tocou num cepo de uma árvore quando cortava uma curva.

SANREMO
PEUGEOT
CONCESSIONARI
PEUGEOT
GEFCO
MA·FRA
ESSO
CASINO'
SANREMO
8
ERG
TOTIP
ERG
Esso
MICHEL
FACOM
speedline

1995 1995

RALLYE SANREMO

RALLYE D'ITALIA

A Peugeot susteve o desafio da Renault e tornou-se na primeira campeã da "F2". O 306S16 do italiano Andreucci terminou em segundo e ajudou a marca a ganhar o título. Ainda que a Opel tenha ganho a categoria através de Loix e terminado com mais pontos, não pode receber o título devido à sua ausência em provas fora da Europa. Dos cinco kit cars só o Skoda de Triner chegou ao fim. A Renault e a Peugeot confiaram na representação das suas equipes italianas porque os seus carros e pilotos franceses estiveram envolvidos no Rally Antibes. O primeiro dia, em asfalto, foi um desastre para a Peugeot; o segundo assistiu ao fim das pretensões da Renault.

Etapa 1 45% das classificativas do rali disputaram-se na estradas de terra na Toscânia e Umbria. Loix ganhou sete das oito classificativas na "F2" enquanto o Renault de Travaglia foi o mais rápido em apenas uma. Mau dia para os kit cars: o Skoda de Sibera abandonou na primeira classificativa com um problema eléctrico e o Peugeot de Aghini (foto ao lado) desistiu quando perdeu uma roda, tendo antes sofrido de um problema eléctrico, chegando por isso atrasado a um restart. Os Peugeot não mostraram de todo andamento.
1º Loix 2h49m27s; 2º Travaglia, a 1m28s; 3º Deila, a 3m09s.

Etapa 2 Primeira das duas etapas em asfalto. Travaglia parou devido a uma falha na transmissão e isto deu vantagem táctica à Peugeot. Deila, que pilotara em Portugal um carro desta marca, pediu emprestado o Renault do seu irmão e assumiu a liderança na "F2" quando o motor de Loix sobreaqueceu depois de um derramamento no tubo da água. A Peugeot perdeu o segundo carro quando a roda dianteira do carro de Beguin se soltou num acidente.
1º Deila, 4h39m05s; 2º Loix, a 49s; 3º Andreucci, a 3m26s.

Etapa 3 Loix, Deila e Andreucci lutaram pela hegemonia na "F2", prevalecendo os esforços de Loix. Deila debateu-se com problemas de transmissão, por isso Andreucci foi o segundo na categoria pelo segundo ano consecutivo. O triunfo da Peugeot foi virtualmente assegurado quando o Clio de Oldrati abandonou.
1º Loix, 5h53m51s; 2º Andreucci, a 7m00s; 3º Deila, a 8m03s.

555
555
SUBARU
555
PIRELLI
REPSOL
STi
SUBARU TECNICA
INTERNATIONAL

7

XXXI RALLYE

CATALUNYA - COSTA BRAVA

RALLYE DE ESPAÑA - 1995

Lloret de Mar · REPSOL · RACC

• Kankkunen dominou até ao acidente no segundo dia, numa altura em que os comissários tinham descoberto irregularidades técnicas nos Toyota oficiais, que levaram à desqualificação do seu colega de equipe Auriol.

• McRae terminou em primeiro nas classificativas mas devido às ordens da equipe ele foi forçado a penalizar para permitir que Sainz (ao lado) ganhasse.

• Tripla da Subaru (a primeira no Mundial desde o Safari de '93 e na Europa desde Sanremo '91) colocou Sainz e McRae no comando do Mundial de Pilotos e a Mitsubishi no de Construtores, com dois pontos de vantagem sobre a Subaru.

• Holderied manteve a liderança no Campeonato do Mundo para Senhoras; Madeira venceu o Grupo N e por isso o respectivo campeonato para pilotos.

Etapa 1 Kankkunen assumiu a liderança na frente de Sainz. Thiry abandonou na primeira classificativa enquanto Delecour se queixava do mau desempenho do seu motor. No Grupo N, os Mitsubishi de Holderied e Recalde desistiram na sequência de acidentes. Puras e Gomez disputaram o comando na "F2".
1º Kankkunen, 1h45m13s; 2º Sainz, a 22s; 3º Schwarz, a 38s; 4º McRae, a 41s; 5º Auriol, a 58s.

Etapa 2 Kankkunen manteve a liderança até sair de estrada na 16ª classificativa, deixando Sainz na frente de McRae. Schwarz partiu o eixo do motor, depois abandonou com danos na suspensão. Delecour foi ultrapassado por Makinen. Madeira dilatou a sua vantagem no Grupo N. Suspensão partida pôs Puras de fora, deixando Gomez no comando da "F2".
1º Sainz, 3h43m56s; 2º McRae, a 8s; 3º Auriol, a 52s; 4º Liatti, a 1m50s; 5º Makinen, a 2m06s.

Etapa 3 Enquanto Auriol se aproximava gradualmente, McRae ultrapassou Sainz, mas as ordens da equipe determinaram que seria o espanhol a ganhar o rali. Makinen despistou-se. Liatti desalojou da terceira posição Auriol (que se atrasou com um problema na direcção). Madeira e Gomez venceram respectivamente o Grupo N e a "F2".
1º Sainz, 5h05m58s; 2º McRae, a 51s; 3º Liatti, 1m58s; 4º Delecour, a 2m40s; 5º Aghini, a 2m54s.

O Rali da Catalunha deixou muitas questões por responder. A Subaru dominou esta prova, toda disputada em asfalto, e no último dia as ordens da equipe asseguraram a vitória ao espanhol à custa do seu colega de equipe Colin McRae. Anteriormente os Toyota tinham dominado, demonstrando uma velocidade surpreendente. Após o final, o seu principal piloto (e único a chegar ao fim), o Campeão do Mundo Didier Auriol foi desclassificado devido à abertura e violação de dispositivo de restritor do turbocompressor, uma ilegalidade que os comissários tinham também descoberto no carro de Kankkunen.

A Mitsubishi, a equipe que nunca tencionou alinhar neste evento e cujos pilotos mostraram sempre pouca competitividade, reconquistou a liderança do campeonato e dois dos seu pilotos de Grupo N venceram títulos mundiais. A alemã Isolde Holderied sagrou-se Campeã do Mundo de Senhoras, pelo segundo ano consecutivo, enquanto o português Rui Madeira venceu a Taça FIA de Grupo N. A uma prova do fim, só os Campeonatos de Pilotos e Construtores estavam em aberto mas as suas situações dependiam da acção disciplinar da FIA contra a Toyota.

A velocidade inicial de Juha Kankkunen e Armin Schwarz foi uma revelação, especialmente se considerarmos que Kankkunen é pouco feliz quando conduz em estradas de asfalto. Foi dado ao alemão o carro em desenvolvimento da equipe. Foi-lhe incumbida a responsabilidade de aprender como se comportavam os novos amortecedores com reservatório remoto. Às vezes o carro funcionava bem, outras nem por isso. A única reserva da equipe era o problema de estabilidade no carro de Auriol. Na segunda etapa, o veículo do francês começou a melhorar, mas nessa altura Schwarz já se tinha despistado e estava fora de prova. Kankkunen, entretanto, ganhava vantagem. No fim do primeiro dia, os comissários mediram o turbocompressor suplente de Kankkunen

e Auriol mas antes da desgraça o atingir, o finlandês saiu de estrada e para grande deleite dos espectadores, Sainz estava na frente. Auriol continuou a perturbar os Subaru até à 22ª classificativa quando a sua direcção assistida falhou: isto forçou-o a prosseguir em dificuldades ao longo da última classificativa. McRae continuou a liderar até ao final da derradeira "especial" e no controlo seguinte ele incorreu deliberadamente no minuto de penalização necessário para dar a vitória ao espanhol.

Página ao lado, Rui Madeira tornou-se numa das estrelas da temporada. Neste rali conquistou o título de Grupo N, proporcionando à equipe privada Mitsubishi Germany o seu segundo título mundial da semana! Abaixo, nada parece correr bem para François Delecour. Ao lado, um dia a sua sorte pode mudar. Colin McRae parecia preparado para disfrutar de uma clara vantagem no campeonato mas isto foi-lhe negado devido a ordens em contrário.

A Ford voltou a demonstrar pouca competitividade: Thiry desistiu na primeira classificativa com o mesmo problema no cubo da roda que o afectara na Córsega e Delecour voltou a não ganhar classificativas: queixou-se primeiro da fraca prestação do motor e depois ficou com a embraiagem perra. Após o despiste de Makinen, a Mitsubishi confiou nos esforços de Rui Madeira que se debatia para se defender dos ataques do Subaru de Grupo A do privado Ivan Postel, mas o 11º lugar do português deu à Mitsubishi a reconquista na liderança do campeonato. ❑

ORDENS DE EQUIPE NOVAMENTE!

Como vimos na Suécia, as ordens da equipe são sempre um pesadelo para os seus responsáveis e este pesadelo foi aumentado em 1995 porque o Campeonato de Construtores levou em conta não só o resultado do melhor classificado da equipe mas de dois. Foi um problema terrível para a Mitsubishi em Fevereiro e aqui foi uma crise de alto nível para a Subaru. No final do segundo dia, quando os dois Subaru lideravam mas o Toyota de Auriol se encontrava a apenas um minuto, David Richards ordenou que o rali deveria ser ganho pelo piloto que estivesse na frente, Sainz, mas que, entretanto, ambos os pilotos deviam continuar com o seu próprio ritmo. No fundo desta questão havia um outro factor, como Richards inferiu quando afirmou: "Esta ordem significa que ambos os pilotos devem começar o RAC em igualdade pontual. Pode também persuadir o Carlos que pode confiar em nós se continuar no próximo ano." Depressa se tornou evidente que aquele ritmo próprio significava que McRae era mais rápido do que Sainz e não demorou muito a McRae passar para o comando. Dias antes do rali, Carlos acordara verbalmente em deixar a equipe para ir para a Toyota em 1996 e Richards foi confrontado com medidas drásticas para evitar que Carlos saisse. Esta questão fez pensar que o que se tinha passado antes era muito importante para a confiança de Sainz e ele necessitava de uma manifestação visível de apoio na corrida para o seu contrato. Quando no dia seguinte Sainz anunciou que ia para a Toyota, apesar de esforços graciosos da Subaru para ajudar o espanhol na conquista do seu terceiro título, podemos imaginar como é que Richards e McRae se devem ter sentido.

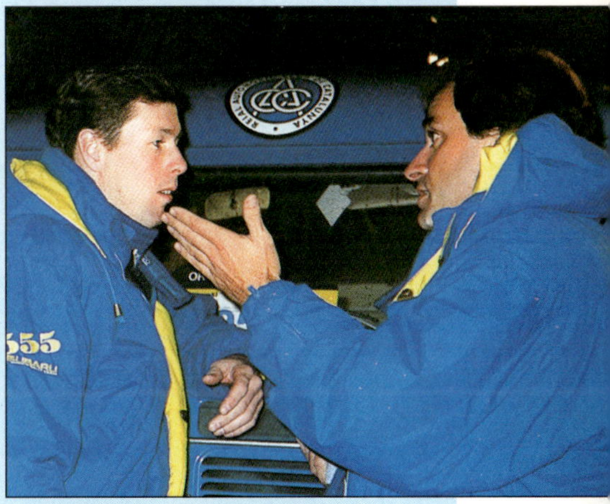

Se a ordem jamais tivesse sido dada, teria Sainz assinado o seu contrato antes do início? Não tinha Carlos "confiança" suficente na Subaru para permanecer na equipe? Era o cenário mais sinistro para um chefe. Richards tinha trabalhado para ganhar o título para um dos seus pilotos, até que Sainz abandonaria a equipe no final de 1995 e assim perdia a possibilidade de publicitar qualquer sucesso obtido pelo espanhol.

Vista de uma ponte da acção na primeira classificativa. Ao lado, Juha liderou quase todo o rali, na inocência dos segredos debaixo do capot. O seu acidente poupou-o da desgraça, mas tirou-lhe a satisfação de uma temporada que lhe correra bem. À esquerda, Oriol Gomez conduziu depressa ao longo do rali no seu Renault Clio Williams: esta prova contava para o campeonato espanhol, reservado a carros de "F2".

NETWORK Q
START
SUBARU
MICHELIN
Pilot

NETWORK Q RAC RALLY

1995 CHESTER 8 — WORLD RALLY CHAMPIONSHIP

Organised by the RAC Motor Sports Association Limited.

- Colin McRae venceu a edição mais rápida de sempre do RAC e tornou-se no primeiro britânico a ser Campeão do Mundo de Ralis e o mais jovem.

- Segunda tripla consecutiva da Subaru que conquistou o seu primeiro título mundial de Construtores.

- As esperanças da Mitsubishi foram destroçadas com os acidentes dos seus principais pilotos mas Rui Madeira alcançou a sua quarta vitória da temporada no Grupo N.

- Tal como em 1994, Gwyndaf Evans venceu na categoria de "F2".

Etapa 1 Os Mitsubishi de Makinen e Eriksson lideraram na frente dos Subaru de McRae e Sainz. O espanhol bateu com demasiada força na travessia de uma linha de água em Chatsworth e danificou o radiador. Delecour foi vítima de uma falha no veio da transmissão dianteiro e teve de desistir quando a guarnição da caixa de velocidades se partiu. Milner, Kamioka e Buckley disputaram a liderança do Grupo N. Na "F2", Kytolehto comandou, seguido pelos kit cars Renault Clio Maxi de Head e Oreille.
1º Makinen, 30m18s; 2º Eriksson, a 11s; 3º C. McRae, a 12s; 4º Sainz, a 26s; 5º Thiry, a 47s.

Etapa 2 Sainz assumiu o comando quando McRae trocou uma roda. Makinen danificou um tirante da suspensão e não pode continuar; Alistair McRae capotou o seu Escort mas "aterrou" do lado certo e prosseguiu.
1º Sainz, 2h23m37s; 2º C. McRae, a 39s; 3º Eriksson, a 1m59s; 4º Burns, a 3m07s; 5º Thiry, a 3m12s.

Etapa 3 Colin McRae rispostou com o tempo chuvoso e nubloso, ganhando tempo em relação a Sainz em todas as classificativas, excepto numa. Eriksson entrou num rio, deixando os Subaru numa posição inatacável.
1º C. McRae, 4h09m40s; 2º Sainz, a 17s; 3º Burns, a 5m05s; 4º Thiry, a 6m06s; 5º A. McRae, a 8m59s.

Última Etapa McRae dilatou a sua vantagem sobre Sainz, mantendo-a até final. Madeira venceu no Grupo N, seguido por Kamioka, enquanto Evans, o primeiro "F2" a terminar, foi sexto da geral.
1º C. McRae, 5h09m19s; 2º Sainz, a 36s; 3º Burns, a 6m39s; 4º A. McRae, a 11m15s; 5º Thiry, a 11m52s.

A condução impressionante de Colin McRae em direcção à vitória após o furo no segundo dia colocou o seu nome nos livros de História e deu um novo fôlego aos ralis na Grã-Bretanha. O escocês demorou quase dois dias a ultrapassar o líder, o seu colega de equipe Carlos Sainz e a partir daí foi só aplausos

e abraços até ao final da prova. Sem as ordens da equipe, que o prejudicaram no Rali da Catalunha, disputado três semanas antes, ambos os pilotos largaram para o RAC no comando do campeonato e em igualdade pontual.

Sainz, porém, mostrou-se sempre desmoralizado ao longo do rali. Logo no primeiro dia foi vítima de um problema de radiador que ameaçou aparecer periodicamente, mas depois, mesmo com a aparente falta de sorte de McRae, cuja suspensão do seu Subaru cedeu perto do final da 14ª classificativa, o espanhol acabou por ser batido pelo escocês.

A Subaru conquistou não só o título de Pilotos mas também o de Construtores. A Mitsubishi começou o rali com uma magra vantagem de dois pontos e só tinha dois pilotos prioritários de Grupo A. Tommi Makinen liderava no final do primeiro dia mas depois despistou-se no segundo: Kenneth Eriksson manteve-se na frente dos Subaru que o perseguiam mas depois também saiu de estrada na terceira etapa. Só o seu piloto de Grupo N, o português Rui Madeira, deu pontos à equipe, mas a tripla da Subaru aniquilou quaisquer esperanças da Mitsubishi de conquista do Mundial.

As condições de chuva foram ideais para os carros equipados com pneus Pirelli: os quatro primeiros classificados da geral e o vencedor do Grupo N dispunham de pneumáticos italianos.

Tanto a Michelin como a Pirelli disponibilizaram pneus com mousse anti-furo, mas nas classificativas muito rápidas do norte de Inglaterra, na segunda etapa, este sistema apresentou falhas. McRae e Eriksson tiveram de parar e trocaram de pneus na 9ª classificativa.

Este rali não pontuou o Mundial "F2" mas, mesmo assim, apresentaram-se à partida um número apreciável de carros desta categoria. Gwyndaf Evans (Escort

Toyota de fora

Durante o RAC, a Toyota Team Europe (TTE) confirmou que não participaria no Campeonato do Mundo de Ralis de 1996, nem directamente nem através de intermediários. A TTE continuaria a apoiar equipes associadas como a Toyota Team Sweden e a HF Grifone, nos seus próprios programas, enquanto Yoshio Fujimoto deveria disputar por conta própria o programa do Campeonato Ásia-Pacífico. A ausência do Mundial de Ralis possibilitaria à Toyota investir mais fortemente no seu próprio projecto da Indycar. A Toyota iria examinar as possibilidades de competir em ralis de acordo com os regulamentos para 1997, sem obrigação e sem decisão quanto ao modelo que iria ser a base para essa participação. Por isso, é provável que a equipe oficial da Toyota alinhe no futuro com carros numa fórmula do Campeonato do Mundo de Ralis, mas não deverá acontecer antes de 1998.

Os Toyota de Angelo Medeghini e Andrea Navarra (ao lado), inscritos pela HF Grifone, disputaram o RAC. Medghini foi vítima da restrições às assistências, abandonando com uma falha no turbocompressor, enquanto Navarra prosseguiu até duas classificativas do final, desistindo quando era sexto, com um problema eléctrico.

O canto do cisne? Não há dúvida que a ausência da Toyota irá encorajar as outras equipes a apressarem as suas tentativas para conquistarem o Mundial de Ralis, mas os entusiastas inocentes são as pessoas que mais irão sentir a sua falta.

RS 2000) venceu a categoria pelo segundo ano consecutivo, naquela que foi a primeira vez em que um participante activo no Mundial de Ralis (a Ford) entrou na "F2". O sucesso de Evans constituiu uma compensação pela fraca prestação dos carros de tracção integral da Ford: François Delecour desistiu no primeiro dia com problemas de transmissão, enquanto Bruno Thiry teve pou-

Acima, desta vez foi só pelo gozo, mas mesmo assim Gwyndaf Evans obteve a sua segunda vitória no RAC na "F2". Foi a primeira participação oficial da Ford nesta categoria.
Ao lado, Kenneth Eriksson, na sua última aparição pela Mitsubishi, foi o único piloto não-Subaru a estabelecer os tempos mais rápidos nas florestas, mas os seus esforços terminaram no leito de um rio.
Página ao lado, os finalistas. Após a crise da Catalunha, Colin McRae e Carlos Sainz tornaram-se nos únicos concorrentes que ainda tinham aspirações ao título de Pilotos de 1995.

ca sorte na última etapa e perdeu tempo devido aos danos causados por rochas no fundo do seu carro. A Renault participou pela primeira vez com os seus kit cars em pisos de terra e terminou em terceiro na categoria.

Para os fãs britânicos, esta edição do RAC foi memorável. Antes de Colin chegar, o único súbdito de Sua Majestade a vencer um rali do Mundial tinha sido Roger Clark. McRae é o mais jovem piloto de sempre a sagrar-se Campeão do Mundo, batendo por escassos quatro meses o recorde anterior detido por Juha Kankkunen. Colin esteve envolvido no programa de ralis da Subaru desde o seu início em 1990.

O Network Q RAC Rally encerrou a temporada com uma nota melancólica. A recém-confirmada ausência da Toyota no Mundial de Ralis de 1996 significa que três antigos Campeões do Mundo (Carlos Sainz, Didier Auriol e Juha Kankkunen) ficaram sem carros para o próximo ano e como a Mitsubishi só confirmou um piloto regular para o Campeonato do Mundo (Tommi Makinen) e a Ford nenhum no final do RAC, a única equipe com um programa totalmente delineado é a Subaru que conta com as contribuições de Colin McRae, Kenneth Eriksson e Piero Liatti. ❑

Viva o Rei

O milagre do título mundial de Colin não se deve tanto ao facto de um piloto britânico ter ganho tal honra mas sim que foi alcançado em 1995, aparententemente contra as possibilidades.

A temporada de 1995 começou com um pelotão repleto de antigos campeões do mundo: pilotos como Didier Auriol, Juha Kankkunen e Carlos Sainz, que entre eles tinham ganho mais de 50 ralis do Mundial. A ideia que um jovem piloto, que no início do ano só tinha três triunfos, se pudesse bater com todos eles até conquistar o título, parecia muito remota. Enquanto a temporada progredia as suas hipóteses ainda pareciam mais escassas. A meio da temporada (Córsega), Colin era o oitavo na classificação e não tinha qualquer vitória. O volte-face no destino de McRae surgiu no início da metade da temporada com o seu triunfo na Nova Zelândia.

As esperanças que Colin possa repetir esta prestação em 1996 parecem ser prometedoras. O abandono da Toyota no final do RAC significa que nenhum dos três "grandes nomes" tinha contrato para guiar em 1996, mas o mais importante é que Colin quebrou finalmente o muro da incerteza.

Com a experiência, McRae provou que apesar da perspectiva parecer frouxa, podemos ser bem sucedidos se acreditarmos em nós próprios.

De facto, sabemos que Colin nunca teve dúvidas acerca do seu papel na vida. A principal mudança é que actualmente as outras pessoas também as não têm!

Acima, que grande maneira de fechar a participação familiar. Alister McRae, quarto classificado, foi o melhor não-Subaru: anteriormente o seu pai Jimmy tinha vencido o European Historic RAC Rally.

Página ao lado, que ocasião esplêndia! Colin McRae salta com um excelente estilo no seu caminho para uma importante vitória.

Quando nos voltaremos a encontrar? François Delecour abandonou na primeira etapa com problemas de transmissão.

REPSOL
SUBARU
REPSOL
PIRELLI
PIRELLI
L 555 BAT
STi
STi
PIRELLI

DPPI/IMAPRESS

LARTIGUE E CITROËN SEM MARGENS PARA DÚVIDAS

Numa temporada marcada pelo domínio da Citroën, Pierre Lartigue e Ari Vatanen discutiram entre si a supremacia na Taça do Mundo. Só a Mitsubishi consegue dar alguma réplica à marca francesa mas a presença da equipe japonesa primou, em 1995, pela esporadicidade.

Se a Citroen se arrisca a ser considerada à partida de cada ano como uma vencedora antecipada, já que a sua rival Mitsubishi apenas aparece esporadicamente, já Pierre Lartigue acaba por, de forma surpreendente, conseguir repetir triunfo atrás de triunfo, face a companheiros de equipa de excelente craveira.

Só que o francês, de origem argelina, consegue de uma forma perfeita juntar, na sua maneira de estar na competição de todo-o-terreno, os ingredientes que fazem dele o mais completo piloto da actualidade.

Rápido, quanto baste, é raro cometer um excesso ou cair numa armadilha, e consegue pensar em cada prova como um todo, onde o resultado que conta é o final. Por isso é ele quem na maioria dos casos recolhe os louros.

Lartigue e Vatanen dividem vitórias

Mesmo assim Pierre Lartigue, que em 94 apenas tinha perdido para Timo Salonen na Baja de Aragon, teve de em 95 bater por duas vezes palmas a Ari Vatanen, que se superiorizou no Rali do Atlas e na "nossa" Baja Nicola 1000. Com este triunfo o finlandês quebrou uma tradição de vários anos, oriunda dos tempos dos ralis, de não terminar uma prova em Portugal.

Antes destas duas vitórias já Pierre Lartigue tinha todavia vincado o seu ascendente na Taça do Mundo, ao ganhar a primeira edição do Granada Dakar liderada pelo seu ex-companheiro de equipa Hubert Auriol, para depois vencer também na Tunísia, mais uma prova que tem como principal responsável um ex-motard, Cyril Neveu, penta-vencedor do Dakar.

Depois, coube a Pierre Lartigue ser o único representante da marca francesa na Baja Itália, vencendo com naturalidade, para se sagrar definitivamente campeão batendo Timo Salonen na Baja de Aragon, em Espanha.

Destas seis provas em apenas duas, Dakar e Atlas, a Mitsubishi esteve presente. E se na primeira ainda incomodou a Citroen, colocando três carros atrás de Lartigue, já em Marrocos Bruno Saby foi

apenas terceiro apesar de ter vencido algumas etapas.

Com os títulos conquistados, a Citroen primou pela ausência na Austrália, onde apenas duas equipas europeias estiveram presentes, e nos Emiratos Árabes, onde Schlesser revalidou a vitória conseguida no ano anterior.

A Nissan em destaque

Se os Citroen, e os Mitsubishi quando presentes, fazem uma corrida verdadeiramente à parte, a "outra competição", aquela destinada aos todo-o-terreno de raiz, onde se misturam ainda os buggys de duas rodas motrizes, acaba por ser bem mais movimentada e interessante.

Em 95 a Nissan esteve em destaque, nessa outra competição, com Thierry

Nicola 1000 a mais participada

A prova portuguesa da Taça do Mundo, a Baja Nicola 1000, foi conjuntamente com o Granada Dakar a prova mais votada pela comissão de todo-o-terreno para a integração no calendário de 96, tendo sido paralelamente aquela que teve em 95 uma maior participação no conjunto auto/moto.

Excelentes argumentos para José Megre e para o Clube Aventura que vêem deste modo a sua prova emergir como a mais cotada do continente europeu.

Francisco Romeiras

O parque fechado da Nicola 1000 a prova com maior número de participantes na Taça do Mundo.

GPA

DPPI/IMAPRESS

Em cima: Jean Louis Schlesser e o Buggy de sua construção voltaram a vencer a competição destinada às viaturas de duas rodas motrizes sendo a equipa que mais se aproximou das viaturas de fábrica. O ex-campeão do Mundo de Sport Protótipos foi, ainda, sempre acompanhado de perto pelo segundo carro da equipa conduzido pela alemã Jutta Kleinchmidt.
Ao lado: Francisco Esperto e Nuno Barreiros tiveram uma estreia brilhante em África conseguindo um lugar no «top ten» no Rally da Tunísia.

Delavergne a vencer a Taça do Mundo de Maratona, conseguindo também com o seu Nissan Terrano ocupar o lugar imediatamente atrás de Pierre Lartigue na classificação absoluta, colocando-se ainda à frente de Maurizio Traglio que tripulando um Nissan Patrol GR foi o primeiro entre os T2.

GPA

Em cima: O francês Thierry Delavergne dominou em absoluto a Taça do Mundo destinada às viaturas da Categoria Maratona tripulando um Nissan Terrano do Team Dessoude. Delavergne considerado um dos melhores pilotos mundiais de todo-o-terreno conseguiu, com uma viatura que se aproxima bastante dos "jipes" do dia-a-dia, resultados tão significativos como um segundo lugar absoluto na UEA Desert Challenge ou um terceiro lugar na Baja espanhola de Aragon.

Em baixo: Os impressionantes camiões russos da Kamaz estiveram em 1995 em plano de destaque. Se no Dakar não conseguiram evitar a vitória "in-extremis" do checo Loprais, num Tatra, já no Paris-Moscovo-Ulan Bator-Pequim conseguiram por três vezes serem os mais rápidos em provas especiais de classificação, uma das quais por intermédio de Pierre Lartigue.

Cerca de 800 cavalos, para uma construção em que são empregues materiais bastante leves e que nada ficam a dever aos melhores protótipos desta modalidade, possibilitaram aos russos estarem de novo em destaque no Granada Dakar 96 onde, para além de terem vencido na competição destinada os camiões (Categoria T4), conseguiram na classificação geral a 14º posição.

GPA

DPPI/IMAPRESS

O duelo entre a Citroen e a Mitsubishi acabou por ser mais uma vez bastante desigual. A marca francesa do "duplo chevron" apostou claramente no título mundial fazendo-se representar em toda a sua força nas principais provas, enquanto que os japoneses apenas se apresentaram no Dakar e no Atlas. A falta de "rodagem" da Mitsubishi foi evidente, mas nas provas em que o confronto directo existiu a discussão pela vitória foi todavia bastante mais interessante.

GPA

Thierry Delavergne apenas não triunfou na Tunísia e em Portugal obtendo ainda um segundo lugar à geral no UEA Desert Challenge e um terceiro lugar na Baja Espanha.

Jutta Kleinschmidt, uma alemã em destaque

Famosa pelas suas múltiplas participações em moto no Dakar, Jutta Kleinschmidt, vai-se impondo de ano para ano nos automóveis e na temporada de 95 teve participações de excelente nível, a começar pelo Dakar. Nesta primeira prova da temporada a alemã tripulou um Mitsubishi Pajero da Categoria Maratona e foi a única a dar luta a Thierry Delavergne até que uma penalização a relegou para a 12ª posição, mantendo contudo a 2ª posição em T1. Deixando o Mitsubishi Pajero e regressada ao Buggy da equipa de Jean Louis Schlesser, Jutta desiste na derradeira etapa do Rali da Tunísia quando era 5ª classificada mas garante essa mesma posição no Rali do Atlas. Na Baja Itália consegue a 3ª posição enquanto que nos Emiratos Árabes fica apenas um furo mais abaixo, embora competindo a solo. Uma mulher de armas que promete continuar a dar que falar.

Granada-Dakar 96: domínio da Citroën

Antevia-se uma grande luta entre a Citroën e a Mitsubishi na edição de 1996 do Granada-Dakar mas a equipe japonesa acabou por deitar tudo a perder logo à entrada do continente africano. Bruno Saby excedeu os limites e capotou violentamente numa das etapas marroquinas, quase abandonando a prova.

Apesar da equipe de assistência de Saby ter sido lesta a resolver-lhe os estragos, e do grande atraso, o francês conseguiu manter-se em prova e chegou à capital do Senegal na sétima posição, atrás dos seus companheiros de equipe, Hiroshi Masuoka (6º) e Jean-Pierre Fontenay (3º), também eles prejudicados por diversos problemas.

Com a armada da Mitsubishi fora de combate, Pierre Lartigue, a velha raposa do deserto, não teve dificuldades em se impôr, ultrapassando todas as dificuldades, e beneficiando igualmente dos problemas do seu companheiro de equipe Vatanen. Uma porca que se soldou ao semi-eixo fez o finlandês perder cerca de duas horas (devido ao facto de rolar em cima da jante durante mais de 120 km) e as esperanças de vitória. Mesmo assim terminou em quarto.

Lartigue obteve assim a sua terceira vitória no Dakar e tornou-se no segundo piloto com maior número de triunfos no historial de 18 anos desta prova. Só Vatanen tem um palmarés melhor com quatro vitórias.

O mais incrível na vitória de Lartigue é

Portugueses em excelente plano

Se nas Bajas europeias os portugueses têm marcado uma posição de destaque, provando que têm um andamento bem competitivo, os resultado deste ano vieram dar continuidade às excelentes prestações africanas de Duarte Guedes em 94.

O mesmo Duarte Guedes realizou uma prova magnífica no Granada Dakar, onde o 6º lugar absoluto corresponde a uma vitória, já que o piloto do Nissan Patrol GR foi o primeiro após as equipas oficiais da Citroen e da Mitsubishi. Apesar deste magnífico resultado a temporada de Duarte Guedes "terminaria" por aí, já que se seguiram abandonos em Portugal e na Tunísia.

Mas seria entretanto no Rali da Tunísia que os portugueses voltaram a estar em destaque pois Francisco Esperto, acompanhado por Nuno Barreiros, teve uma estreia africana excelente levando o Nissan Terrano à 9ª posição e deixando ainda óptimas referências. Por exemplo na mais difícil das etapas de navegação, terminaram na 5ª posição imediatamente após os três pilotos da Citroen e o Buggy de Schlesser.

Também na Baja Nicola 1000 os portugueses estiveram em bom plano conseguindo a 4ª (Luís Sousa) e 5ª posição (Francisco Esperto) e ainda a vitória em T1 para Carlos Sousa, não conseguindo contudo repetir o lugar no pódio alcançado em 94 por João Vassalo.

Na Baja de Aragon em Espanha o melhor resultado foi alcançado por Ricardo Campos que levou o seu Toyota Land Cruiser à décima posição, sendo ainda segundo entre os Diesel. Esta prova ficaria marcada negativamente pelo abandono de Francisco Esperto que viu a sua Nissan Terrano arder por completo depois de uma saída de estrada em pleno prólogo.

Francisco Romeiras

Depois de Duarte Guedes em 95 coube agora a vez a Carlos Sousa estar em evidência no Dakar 96 sendo considerado o "rookie of the year", ou seja o melhor estreante.

DPPI/IMAPRESS

que ele só ganhou uma das 15 especiais que se desenrolaram em Espanha, Marrocos, Mauritânia, Mali, Guiné e Senegal.

No lugar imediato ficou Philippe Wanbergue, também em Citroën, enquanto que a Mitsubishi teve de se contentar com a terceira posição de Fontenay.

Carlos Sousa, o melhor estreante

Na categoria T2 (Produção Melhorada) o destaque foi para Thierry Delavergne, num Nissan Patrol GR Longo. Em T1 (Maratona), Jean-Pierre Strugo (Mitsubishi Pajero) levou a melhor sobre o seus seus colegas da equipe Sonauto, Miguel Prieto e Carlos Sousa. Ao terminar na 12ª posição, o português foi o melhor estreante de sempre, colocando-se à frente de Patrick Tambay e René Metge, também em Mitsubishi Pajero.

Acidente mortal

Esta edição do Dakar ficou marcada com o acidente mortal de Laurent Gueguen, piloto de um camião de assistência da Citroën. Ao afastar-se do percurso pré-balisado, o francês foi surpreendido por uma mina anti-carro. A explosão deu lugar a um violento incêndio que consumiu por completo o veículo.

Se nos protótipos a Mitsubishi não se conseguiu impor à Citroen, já através dos seus Mitsubishi Pajero de Produção Melhorada a marca nipónica obteve um importante resultado ao terminar vencedora da segunda edição do Paris-Moscovo-Pequim. Esta prova que em 96 vai pontuar para a Taça do Mundo irá aparecer, desta forma, colocada em plano de igualdade com o Granada-Dakar.

Paris Moscovo Pequim em destaque

Se a Taça do Mundo apresentou provas de interesse duvidoso, por exemplo a Austrália não atraiu nenhuma equipa europeia de nomeada e a sua data colidia com a participação nas Bajas europeias, o ano de 95 teve contudo outras provas de que é imprescindível falar.

Referimo-nos, em primeiro lugar, ao Paris Moscovo Pequim que em 96 irá integrar a Taça do Mundo e que demonstrou assentar já numa estrutura sólida e bem organizada, rodando em paisagens magníficas e em excelentes pistas. Apesar da forte oposição do Lada Samara, do russo Nikonenko, Jean Pierre Fontenay levou o Mitsubishi Pajero à vitória, enquanto que Patrick Tambay regressou ao todo-o-terreno, para, também ele ao volante de um Mitsubishi Pajero, assegurar a terceira posição. Interessante foi ainda a presença de Pierre Lartigue ao volante de um dos potentes camiões da marca russa Kamaz com o qual ganhou uma das etapas, o mesmo acontecendo por duas vezes com o seu companheiro de equipa.

DPPI/IMAPRESS

Jean Pierre Fontenay "fez a barba" aos seus adversários vencendo de forma brilhante o Paris-Moscovo-Pequim.

Outra prova em destaque foi a competição organizada pelo Salão de Val d'Isère, La Montée de l'Olympe, onde Citroen e Mitsubishi mediram forças numa prova que, como o seu nome indica é uma rampa, com cerca de dez quilómetros de extensão. Depois de Pierre Lartigue em 94, coube desta vez a oportunidade a Ari Vatanen de conquistar os louros face a um Bruno Saby que contudo vendeu cara a derrota.

DEZEMBRO DE 1994

Reviravolta nos planos da Ford Motorsport: afinal iria continuar no Campeonato do Mundo de Ralis de 1995. François Delecour anunciou que o seu navegador Daniel Grataloup seria substituído por Catherine François.

Nos seus planos para 1995 a Opel Belgium dispensou os serviços do seu primeiro piloto Gregoire de Mevius e delineou para Freddy Loix um plano misto que englobava provas dos Campeonatos do Mundo e da Bélgica. De Mevius regressou assim à Nissan.

Colin Dobinson, o director de competição da Ford, deixou a Ford of Europe. Peter Gillitzer foi nomeado director da Motorsport Strategy e Formula 1 Operations.

A Skoda pediu a homologação do kit car com dois motores diferentes! Devido ao gosto há muito estabelecido nas hostes da Skoda de vitórias na sua classe nas principais provas, o Felicia utilizará um motor de 1.490 cc e outro de 1.300 cc. O atraso na produção dos kits levou à não participação da equipe no 63º Rali de Monte Carlo.

O ano da mudança

O desejo de Max Mosley. Presidente da FIA. de "equilibrar o nível competitivo" entre os protagonistas principais e os amadores nos ralis teve um efeito impressionantemente complexo no Mundial de Ralis! O Rali de Monte Carlo deu início a uma era em que as normas foram algo alteradas. As novidades dividiram-se em duas categorias: mudanças desportivas. relacionadas com a forma em que as provas são disputadas. e alterações técnicas. relacionadas com o aspecto mecânico do desporto:

Alterações desportivas

Classificativas mais curtas: excepto em Monte Carlo, existe um limite máximo de 120 horas entre as verificações técnicas e a entrega de prémios. A distância total das provas especiais de classificação deverá ser de 450 a 550 kms. O período de reconhecimentos do traçado antes de cada rali para os pilotos prioritários foi reduzido de 11 dias para sete e cada classificativa só pode ser inspeccionada três vezes por cada concorrente principal.
Provas diferentes: 1995 foi o segundo dos três anos do sistema de rotação da FIA. O calendário compreendeu mais uma vez 13 ralis mas este ano apenas oito contaram para o Campeonato do Mundo de Pilotos e de Construtores. A categoria de 2 litros para Marcas foi promovida ao estatuto de Campeonato do Mundo e abrangeu dez provas.
Regras de assistência: mudaram consideravelmente e foram progressivamente alteradas ao longo do ano. A assistência era permitida — (a) nos parques oficiais de assistência, normalmente após cada 50/60 kms de especiais, onde qualquer trabalho autorizado podia ser efectuado; (b) nos parques de assistência auxiliares onde só o reabastecimento e a troca de pneus (utilizando-se apenas rodas sobressalentes transportadas no carro) eram autorizados; (c) outros lugares onde qualquer trabalho só podia ser efectuado pela equipe utilizando peças sobressalentes e ferramentas transportadas no carro de rali. Os veículos só podiam levar duas rodas sobressalentes. As normas que limitavam a substituição de turbocompressores e de transmissões permaneceram inalteradas. Regras mais suaves eram aplicadas às provas do Mundial de "F2". Os carros inscritos pelas equipes de fábrica têm de possuir **dispositivos electrónicos de detecção** para que a sua localização exacta possa ser aferida pelos organizadores ao longo do rali. Os organizadores podiam verificar se um carro parava a sua progressão durante o curso do rali. Enquanto o carro estava numa classificativa, isto era uma apreciável medida de segurança. Entre classificativas podiam verificar o cumprimento das restrições às assistências.
A categoria de **2 litros para Marcas** foi alargada para incluir carros de Grupo A de tracção traseira, além de carros de duas rodas motrizes de Grupo N.

JANEIRO 1995

Registou-se um interesse assinalável por parte dos construtores no Campeonato Britânico de Ralis de 1995 para a categoria FIA de dois litros. A Ford, GM, Nissan, Peugeot e VAG fizeram-se todas representar.

11 segundos deram direito a um carro de fábrica! O segundo lugar de Thomas Radstrom, vencedor do Rali da Suécia de 1994, na prova de abertura do campeonato sueco garantiu-lhe o terceiro carro da Toyota Castrol Team para o Rali da Suécia de 95. Segundo o plano estabelecido por Leif Asterhag, chefe de equipe da Toyota Sweden, o melhor dos dois pilotos regulares da Toyota no seu país naquela primeira prova seria companheiro de equipe de Kankkunen e Auriol.

O campeão FIA de Todo-o-Terreno, Pierre Lartigue, de 46 anos, venceu pela segunda vez consecutiva a maratona Dakar ao volante de um ZX. A Mitsubishi, a adversária tradicional da Citroën, levou uma equipe forte, e amealhou os segundo, terceiro e quarto lugares. O antigo vencedor Bruno Saby, com a nova versão Proto 5 do Pajero, foi o melhor piloto desta marca, seguido pelo japonês Kenjiro Shinozuka e por Jean-Pierre Fontenay, ambos utilizando versões mais antigas desse modelo.

FEVEREIRO

Após 15 anos na Ford, John Wheeler, responsável pelo projecto do Escort RS Cosworth e Engenheiro-chefe da Ford Motorsport, transferiu-se para a companhia associada Aston Martin Lagonda. Saiu da Porsche para Dearborn como engenheiro de ralis para o nascido morto Escort RS1700T e depois produziu o conceito de design do RS200.

Phil Short, que até ao fim de 1994 foi

ARCHIVE

Alterações técnicas

Os **pneus slicks** foram totalmente **proibidos** e a profundidade mínima dos sulcos tem de ser de 1,6mm. Só os pneus esculturados podiam ser utilizados por pilotos prioritários, bem como por quaisquer outros pilotos em carros de Grupo N utilizando motores superiores a dois litros. Os fabricantes de pneus tinham de homologar as bandas de rolamento que iam utilizar em cada rali mas podiam alterá-las de prova para prova. Os organizadores marcavam os pneus para se assegurarem que cada carro só utilizava o número de pneumáticos autorizado.

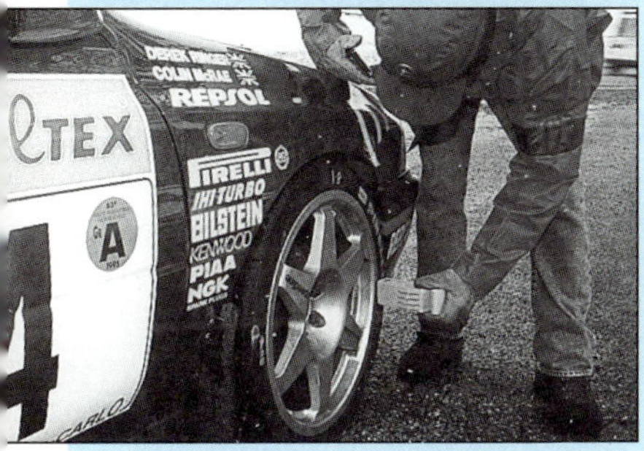

O diâmetro do **restritor** dos turbocompressores foi reduzido em 4mm: os carros de Grupo N estão agora limitados a 32mm, os de Grupo A a 34mm.

A versão **kit car** de dois litros, tracção a duas rodas, foi introduzia nas provas internacionais do campeonato. Para atrair construtores que não podem produzir em massa carros de altas prestações, esta fórmula alternativa significava que as versões de competição podiam ter por base veículos de grande produção (25.000 unidades em vez das 2.500), seguindo ainda as regras básicas de Grupo A, mas com liberdades extra consideráveis.

responsável de ralis da Toyota Team Europe, foi nomeado chefe de equipe da Mitsubishi Ralliart. Isto foi uma nova posição, trabalhando em Rugby subordinado a Andrew Cowan.

Final feliz. Os virtuais vencedores da West Euro Cup, Jurgen e Erke Freisler (página ao lado), casaram a meio do Rali da Suécia.

O antigo campeão americano John Buffum construiu um Hyundai Lantra turbocomprimido para o seu enteado Paul Choiniere, para ser usado no campeoanto SCCA Pro-Rally, quebrando assim uma longa associação com carros da Audi.

Artigos impressionantemente imprecisos sugeriam que Andrew Cowan, chefe da Ralliart Europe tinha sido despedido pela Mitsubishi. O "Tokyo Chunichi Sports" reclamava que Cowan fora dispensado a 16 de Fevereiro; a isto seguiu-se um artigo publicado em Itália pelo "Gazzetta dello Sport", de 16 de Fevereiro, afirmando que Cowan fora afastado devido ao "Escândalo Sueco".

MARÇO

Segundo um relatório dos delegados técnicos da FIA era impossível elaborar uma fórmula equivalente para permitir que os carros de tracção às duas rodas pudessem competir, em condições de igualdade nas estradas de terra, com os projectados kit cars de tracção integral.

O piloto de ralis Carlos Menem Junior (abaixo), filho do Presidente da Argentina, faleceu a 15 de Março num acidente de helicóptero perto de San Nicolas. Ele tinha-se envolvido com a nova equipe de

ralis da Peugeot na Argentina, e vencera de imediato o último rali em que participou, o Gran Premio de 1994.

Um kit car venceu na sua estreia. O Renault Clio Maxi de Bernard Munster foi o primeiro no Circuit des Ardennes Rally do Campeonato da Bélgica.

O Conselho Mundial da FIA introduziu uma nova raça, "Super Kit Cars", para o Campeonato do Mundo de Ralis de 1997. Os carros que obedeçam à actual Fórmula 2 ou ao regulamento dos kit cars poderão vir a ser equipados com turbocompressores e tracção integral até, pelo menos, ao fim do ano 2000. Os actuais carros de Grupo A, de tracção integral e turbocomprimidos, também poderão participar. Esperava-se que a tracção integral e os turbocompressores fossem banidos do Mundial em 1997 mas o seu falecimento foi adiado até "pelo menos" ao início de 2001.

A Toyota Australia homologou um modelo de tracção dianteira de 1,8 litros denominado Corolla RV, com o objectivo de estabelecer uma base para um novo campeonato monomarca de ralis naquele país.

A tragédia manchou o Grasse Alpin Rally, a etapa inaugural do campeonato francês de asfalto e prova pontuável para o Campeonato da Europa. A três classificativas do final Philippe Bugalski, em Renault Clio Maxi, bateu numa árvore, em ambos os lados, quando procurava atacar a liderança. Enquanto o piloto do

carro escapou sem lesões sérias, o seu navegador Thierry Renaud (abaixo) teve morte instantânea.

ABRIL

Hannu Mikkola anunciou que ia abandonar o activo dos ralis no final do Londres-México, uma maratona para históricos. Durante a sua carreira ganhou 18 ralis do Mundial, mas a sua carreira ganhadora começou antes do início do Campeonato do Mundo. Entre a lista de proezas impressionantes, ele foi o primeiro piloto a participar em 100 ralis do Mundial, o primeiro europeu a vencer o Safari, e pilotou para todas as equipes de fábrica.

Há 19 anos Ari Vatanen foi o primeiro piloto estrangeiro a tornar-se campeão britânico de ralis. Este ano regressou em grande para ganhar o Pirelli Rally.

MAIO

No Rali da Córsega, Kankkunen, tornou-se o terceiro piloto (depois de Hannu Mikkola e Markku Alen) a participar em 100 ralis do Campeonato do Mundo.

O Targa Tasmania, a única prova de estrada nesta ilha da Austrália, foi ganho por um carro de ralis! O evento, aberto a modelos de carros GT clássicos, teve como vencedor o campeão australiano de ralis Neal Bates ao volante de um Toyota Celica GT-Four ST205. Os Subaru Impreza 555 foram proibidos de participar, uma vez que eram carros de Grupo A, assim como o Toyota vencedor, mas como tinha quatro portas não se enquadrava no conceito dos organizadores de um clássico carro de GT!

A Ford teve finalmente sucesso na maratona para históricos, Londres-México! Só um dos seis carros de fábrica, uma réplica do Ford Escort RS1600, terminou o rali num lugar competitivo — mas ganhou!

Hannu Mikkola faz uma pausa no Brasil com o navegador Gunnar Palm.

Hannu Mikkola e Gunnar Palm reviveram a memória de uma maratona da Taça do Mundo de 1970. O segundo lugar foi para o veterano australiano Ross Dunkerton, num Datsun 240Z, enquanto a terceira posição sorriu a outro australiano, Dean Rainsford num Ford Mustang.

O campeão italiano de 1982 Antonio Tognana celebrou em estilo, a 25 de Maio, o seu 40º aniversário (nasceu a 11/05/55). Organizou um rali de anos na propriedade da sua família, na Toscania, para o qual convidou muitos amigos. A prova com três classificativas foi ganha por Fabrizio Tabaton (Celica ST185), batendo Maurizio Verini (Lancia Delta) por um segundo. Walter Rohrl (Kadett) e Jean-Claude Andruet (Delta) também estiveram entre os presentes.

Um piloto interessante apareceu no Rali da Acrópole de "F2": Marko Milosevic, filho do líder sérvio, participou num Opel Astra GSi.

O navegador campeão do mundo Bernard Ocelli deixou a Toyota. Um curto comunicado a 30 de Maio dizia que ele tinha sido libertado com efeito imediato e que Denis Giraudet, que ganhara a Volta à Córsega com Auriol, iria acompanhar o francês nos restantes quatro ralis da temporada. Quase dois anos antes, a Toyota enfrentara outra mudança súbita de navegador a meio da temporada quando Juha Piironen sofreu um ataque poucos dias antes do Rali da Argentina.

A FIA comentou a confusão das regras de assistência que forçara Bruno Thiry a abandonar no último dia da Córsega. Afirmou-se que as regras deveriam regressar ao caminho original traçado pela Comissão de Ralis e pelo Conselho Mundial da FIA, com assistência sem restrições em áreas pré-determinadas e nenhuma assistência em quaisquer outros lugares.

JUNHO

O engenheiro sul-africano Greg Wheeler, que trabalhando com o engenheiro-chefe da Mitsubishi Ralliart Europe tinha ajudado a produzir a impressionante velocidade do recente Lancer Evolution, deixou a equipe para ingressar na Williams Renault Touring Car, no final de Junho, sendo substituído por Mark Amblard, oriundo da Ford.

O governo da Nova Zelândia, patrocinador da quinta prova do Mundial de Ralis através da sua campanha anti-tabaco, fez um compromisso: os estrangeiros podiam chamar à prova Rali da Nova Zelândia mas os nacionais tinham de lhe chamar Rali Smokefree (livre de tabaco)!

Carlos Sainz teve um acidente com a sua bicicleta de montanha e sofreu uma ruptura de ligamentos no seu ombro direito. Foi operado em Madrid e começou imediatamente a fisioterapia.

O novo estilo de operações da Ford

Após a decisão de Boreham, em 1995, de inverter a política anterior da "não competição activa", o departamento da Ford Motorsport iniciou dois níveis de operações: trabalho de design, desenvolvendo o Escort RS Cosworth e o Escort RS2000, assim como um programa para o Campeonato do Mundo de Ralis em conjunto com a RAS Sport, a equipe belga de ralis. Esta é uma parceria 50/50 sob a designação RAS-Ford. O contrato com a RAS Sport incluia a possibilidade da construção de carros em Boreham. Esta última era responsável pela produção dos carros de Delecour e para a RAS pelo de Thiry. Tecnicamente os veículos eram idênticos e cada um dispunha do equipamento mais recente. Delecour era responsável pela maioria dos testes enquanto Thiry estava ao serviço, pelo menos, durante um dia antes de cada rali. Tinham existido dúvidas consideráveis dentro da Ford acerca da continuação no Mundial de Ralis, mas o trabalho de desenvolvimento nunca parou.

O kit car 306 Maxi da Peugeot fez uma boa estreia no Rali Alsace-Vosges, em França. Com dois carros inscritos, o de Gilles Panizzi liderou nas primeiras classificativas antes de se atrasar quando o spoiler dianteiro ficou danificado.

Classificações renhidas: no Rali Llanes, disputado no norte de Espanha, Oriol

Gomez (Renault Clio Williams) terminou empatado com Jesus Puras (Citroën ZX 16V), a prova acabou por ser decidida a favor de Gomez devido ao tempo da primeira classificativa. Uma semana depois o Rali de Salento, em Itália, foi ganho por Cunico (Ford) com uma vantagem de dois segundos em relação a Liatti (Subaru) e na semana seguinte o Rali Sapa, penúltima prova do campeonato sueco, teve como vencedor Tomas Jansson que bateu pela mesma margem o seu companheiro da equipe Toyota Thomas Radstrom.

A GM anunciou que a Vauxhall Sport Rally da GB iria ser desmantelada no final de 1995. A Vauxhall, porém, iria continuar a patrocinar o Rali de Gales, e também, através da sua companhia associada Network Q, o Rali RAC.

As 24 Horas de Ypres, pontuável para o Europeu, terminou em confusão quando o campeão em título Patrick Snyers recebeu instruções do patrocinador para se retirar após a última classificativa, quando estava em segundo. Reclamou-se que o vencedor tinha utilizado combustíveis especiais, mas especulou-se que esta acção serviu para evitar a humilhação de ser batido por um belga ao volante de um carro patrocinado por uma empresa rival. O Toyota vencedor de Renaud Verreydt foi dado como ilegal depois da prova.

A Rothmans, impedida pela legislação governamental de patrocinar o Rali da Nova Zelândia, decidiu apoiar nesse evento a Mitsubishi Ralliart!

A General Motors obteve uma importante vitória quando Ed Ordynski, num Holden Commodore, ganhou o Mobil 1 Round Australia Trial. O australiano que normalmente guia para a Mitsubishi bateu um Galant VR-4 e um Lancer Evolution! A prova de 20 dias e 19.000 kms foi uma reedição dos famosos triais de fiabilidade que se realizavam antigamente e a última foi disputada há 16 anos. A última grande vitória de um carro da General Motors foi alcançada por Sepp Haider no Rali da Nova Zelândia de 1988.

Uma lenda reconstituida. Stirling Moss mostrou com Denis Jenkinson no Festival de Velocidade de Goodwood o seu Mercedes vencedor das Mille Miglia. Jenkinson exibiu a sua famosa máquina "rolo de papel" com caderno de itinerário, que muito contribuiu para melhorar o trabalho das equipes de ralis.

JULHO

O Presidente da FIA Max Mosley afirmou no Rali da Nova Zelândia que a FIA poderia deixar cair alguns dos ralis do actual calendário do Campeonato do Mundo. Admitiu ainda que estava definido que o campeonato de 1997 será constituído por 12 provas e que um evento teria de desaparecer do calendário europeu. Ele insinuou que outros métodos de selecção das provas estavam actualmente a ser consideradas mas confirmou que o sistema de rotação terminaria em 1996.

O navegador de Andrea Aghini, Sauro Farnocchia, também teve um acidente com uma bicicleta de montanha, tendo-se envolvido numa colisão com um camião. Aleijou as costas e esperava-se que ficasse engessado durante dois meses. Inicialmente previa-se que Aghini seria convidado para participar no Rali da Catalunha mas a seguir ao resultado decepcionante na Nova Zelândia, os planos da Mitsubishi para competir na Catalunha e no RAC eram incertos.

AGOSTO

Uma versão de duas rodas motrizes do Toyota RAV4, conduzido pelo antigo vencedor do Rali da Suécia Thomas Radstrom, ganhou a primeira edição do Rali Escandinavo para Veículos Eléctricos. A prova foi disputada em cinco dias, ao longo de 565 km em asfalto e também em pisos de terra, incorporou 18 testes de subidas de colinas e especiais de classificação que cobriram 70 km. Participaram 28 carros de 10 países. Os segundo e terceiro lugares foi obtidos por furgões ligeiros Ford Ecostar.

Alterações constantes nas assistências

Em **Monte Carlo** as novas medidas foram aplicadas porque as condições metereológicas forçaram a trocas frequentes de pneus. Na **Suécia**, foram introduzidas mini-assistências com controlo de tempo em todas as áreas de assistência; em **Portugal** foram utilizados pela primeira vez parques só para assistências. Na **Córsega** autorizaram-se pontos adicionais para troca de pneus para ultrapassar as mudanças de tempo durante a noite. Na **Nova Zelândia**, as frequentes clarificações das regras levaram à variação da distância entre os parques de assistência e a penalizações; só na **Austrália** se estabeleceu alguma normalidade. Nas provas de "F2" a assistência foi livre no **Quénia**, em certas zonas da **Grécia** e a **Argentina** a proibição era total, na **Finlândia** introduziram-se alguns parques de assistência. Em 1996, as trocas de pneus serão controladas rigorosamente e o combustível terá de ser transportado entre parques de assistência e se for preciso os veículos poderão ter tanques de combustível maiores.

Vatanen regressou! O finlandês que deixou a Mitsubishi no meio de descontentamento em 1990 concordou em pilotar novamente para a equipe no Rali Hong Kong-Pequim.

•••••••••••••••••••••••••••

SETEMBRO

Recorde mundial: Nada Vukomanovic começou o Telstra Rally Australia como navegadora do carro nº94. Com 15 anos de idade, ela foi a pessoa mais jovem a entrar no Campeonato do Mundo!

O Privilege Insurance London International Rally constituiu um bravo esforço para levar os ralis à metrópole britânica. Infelizmente as duas principais estrelas, Stig Blomqvist e Malcolm Wlison, abandonaram cedo. O evento incluiu classificativas em Brooklands, a Meca britânica da velocidade antes da guerra.

•••••••••••••••••••••••••••

OUTUBRO

O Conselho Mundial confirmou muitas medidas antecipadas para o futuro, incluindo a aceitação oficial das regras para os "Super Kit Cars", agora oficialmente chamados "World Rally Cars", bem como um sistema mais simplificado de pontuação para 1997. O calendário para 1996 também foi divulgado, revelando que a Indonésia vai albergar uma prova do Mundial.

Uma série de kit cars da segunda geração foram anunciados pela Ford, Renault e Seat.

As apresentações na ocasião da reforma iminente do decano dos jornalistas de ralis, Bernard Gautier (ao lado) do diário francês l'Équipe, começaram com um prémio entregue pelo chefe de competição da Seat Vicente Aguilera. Gautier tem uma carreira de 34 anos no desporto automóvel.

O Toyota de Didier Auriol foi desclassificado no Rali da Catalunha devido a irregularidades no restritor do turbo. Auriol (acima) foi fotografado em Vinebre no segundo dia enquanto os examinadores inspeccionam o seu carro.

A Renault venceu o Rali de Monte Carlo para...carros eléctricos! Um Clio de 100 kw pilotado por Frederic Meniere bateu o Fiat Ideal Car e o Ligier Optima nas seis classificativas de montanha. ❑

Fim da linha para a TTE?

Numa reunião extraordinária do Conselho Mundial do Desporto Automóvel, a 3 de Novembro, a Toyota Team Europe foi desclassificada do Campeonato do Mundo de 1995 e suspensa da competição activa durante os próximos 12 meses, como consequência da participação na Catalunha com um restritor de turbo que chumbou na inspecção em três pontos: 1) o restritor não estava selado por isso era possível movê-lo sem tocar no selo; 2) o ar podia entrar no motor sem passar pelo restritor; 3) a posição do restritor podia ser deslocada desde a tampa do turbo ultrapassando os 50mm permitidos.

O Presidente da FIA Max Mosley afirmou que o sistema de admissão de ar da Toyota "foi o dispositivo mais sofisticado e engenhoso que vi em 30 anos de desporto automóvel, eu ou qualquer outro membro do Conselho Mundial, inspectores ou especialistas técnicos."

A maravilha do sistema é que se encontrava completamente dissimulado sob o forro da tampa do restritor, sendo ajustado com três molas metálicas.

O sistema entrava em funcionamento quando o restritor estava montado.Uma das molas mecânicas dispunha de um mecanismo especial que tinha como função fazer deslocar o restritor desde a tampa do turbo.

O movimento das molas mecânicas não só permitia a entrada do fluxo de ar nas lâminas do turbo, mas, mais importante, abria uma fenda de 5mm, através da qual se verificava uma entrada extra de ar no motor. A outra mola segurava o restritor na sua nova posição por intermédio de uma «garra». Quando o restritor foi desmontado — nas verificações surpresa no final da primeira etapa do Rali da Catalunha — a três molas soltaram-se.

Além disso, quando a mola central afrouxava, as «garras» desprendiam-se do restritor, permitindo que este regressasse à sua posição original e legal.

"Quando o sistema era desmontado não havia forma de verificar-se tinha ocorrido alguma coisa de irregular", notou o Presidente da FIA.

Mosley enfatizou que quem iria comparecer perante o Conselho Mundial era a equipe. "A Toyota Motor Company não foi intimada a aparecer perante o Conselho Mundial porque não há qualquer razão para supormos que eles sabiam o que é que se estava a passar."

Ele explicou que os pontos obtidos pela equipe e pelos seus pilotos em 1995 seriam simplesmente retirados mas as outras equipes e pilotos não recolheriam esses pontos.

A exclusão aplicada à Toyota Team Europe não teria efeitos sobre a Toyota Motor Company mas se a Toyota Team Europe aparecesse sob qualquer outro "disfarce" seria improvável que a FIA aceitasse tal inscrição durante o período de suspensão.

"Infelizmente os pilotos também são automaticamente desclassificados quando um carro é desclassificado devido a alguma ilegalidade. Não há, todavia, nada que sugira que os pilotos soubessem da possível ilegalidade do seu carro," concluiu o Presidente da FIA – Max Mosley.

GRUPO A carros turbocomprimidos de tracção integral

Equipe	RAS-Ford	Mitsubishi Ralliart	555 Subaru World Rally Team	Toyota Castrol Team
Carro	Ford Escort RS Cosworth	Mitsubishi Lancer Evolution III	Subaru Impreza 555	Toyota Celica GT-Four
Motor				
Nº cilindros	4 il	4 il	4 opostos	4 il
C.C. (x1.7 para turbos)	1.993/3.390	1.997/3.395	1.994/3.390	1.998/3.397
Diâmetro/curso (mm)	90.8/76.9	85/88	92/75	86/86
Taxa de compressão	7,5	8,5	8,8	8,5
Potência máxima (cv)	300	300	300	300
@ rpm	6.250	6.200	6.500	5.600
Binário máximo (kg/m)	40,8	45	47	51
@ rpm	5.000	4.000	5.000	3.750
Sistema alimentação	MM Inj.	ECI Multi	Subaru Inj.	EFI/Nippondenso
Turbo	Garrett T4/T3	Mitsubishi	IHI	Toyota CT20B
Nº + árvore cames	2 cab	2cab	2x2 cab	2 cab
Posição	Diant.-Long.	Diant.-Transv.	Diant.-Long	Diant.-Transv.
Transmissão				
Diferencial Dianteiro-Central-Traseiro	V-V-V	M-M-M	H-H-M	M-V-M
Embraiagem	Metálica Disco duplo	Carbono (AP) Disco triplo	Carbono (AP) Disco triplo	Carbono (F&S) Disco duplo
Caixa velocidades (nº)	6 ou 7 (Ford)	6 (Mit.)	6 (Prodrive)	6 (Xtrac)
Travões (Ø=mm)				
Dianteiros terra	DV315 (AP)	DV315 (AP)	DV304 (AP)	DV295 (Alcon)
asfalto	DV378 (Brembo)	DV355 (AP)	DV355 (AP)	DV343 (Alcon)
Traseiros terra	DV315 (AP)	DV280 (AP)	DV304 (AP)	DV295 (Alcon)
asfalto	DV313 (Brembo)	DV280 (AP)	DV355 (AP)	DV295 (Alcon)
Suspensão (amortecedores)				
Dianteira	McPh.(Bilstein)	McPh.(Ohlins)	McPh.(Bilstein)	McPh. (Bilstein)
Traseira	STA+C (Bilstein)	Multilink/TA+C	McPh. (Bilstein)	Multilink (Bilstein)
Dimensões				
Comprimento (mm)	4.211	4.310	4.340	4.424
Largura (mm)	1.734	1.695	1.690	1.770
Altura (mm)	1.425	1.395	1.405	1.305
Distância entre eixos (mm)	2.550	2.500	2.520	2.545
Eixo traseiro (mm)	1.453	1.450	1.465	1.510
Eixo dianteiro (mm)	1.472	1.460	1.455	1.490
Peso (kg)	1.200	1.205	1.208	1.200
Primeira homologação	1/01/1993	1/04/1995	1/04/1993	1/05/1994
Número	A5466	A5469	A5480	A5521
Primeiro Rali Importante	Monte-Carlo 93	Córsega 95	Mil Lagos 93	Austrália 94

Nota: Todos os carros turbo têm 16 válvulas e estão equipados com um restritor do diâmetro do turbo de 34 mm.
A Ford, Subaru e Toyota homologaram os seus carros com rodas de 16 polegadas: a Mitsubishi com 15 e 16 polegadas.

Chave: C - Mola; DV - Discos ventilados; F&S - Fichtel & Sachs; H - Hidráulico; il - Em linha; Inj. - Injecção; Long. - Longitudinal; MM - Magneti Marelli; M - Mecânico; McPh - McPherson; Mit. - Mitsubishi; ohc - Árvore de cames; S - Semi; sq. - Sequencial; Trans. - Transversal; TA - Braço oscilante; V - Viscoso.

Fórmula 2 — Campeonato Mundial de 2 Litros

Ford Escort RS2000	Nissan Sunny GTI	Opel/Vauxhall Astra GSi	Peugeot 306S16	Peugeot 306 Maxi	Renault Clio Maxi	Seat Ibiza GTI	Skoda Felicia Kit Car 1500
4 il	4 il	4 il	4 il	4 il	4 il	4 il	4 il
1.998	1.998	1.998	1.998	1.998	1.998	1.781	1.491
86,0/86,0	86,0/86,0	86,0/86,0	86,0/86,0	86,0/86,0	84,0/90,0	81,0/85,4	78,0/78,0
12:1	11:1	11,8:1	12:1	12:1	12:1	12,6:1	12:1
230	230	225	220	255	270	195	154
7.200	7.500	7.500	7.500	7.500	8.400	8.000	7.000
22,8	24	23,5	22	25	24,7	20,5	17,3
5.000	5.250	5.500	6.500	6.500	5.800	6.000	5.500
Ford Inj.	MBE Inj.	MBE Inj.	Bosch Inj.	MM Inj.	MM Inj.	Digifant Inj.	OBR Inj.
-	-	-	-	-	-	-	-
2 cab	2 cab	2 cab	2 cab	2 cab	2 cab	2 cab	1 cab
Diant.-Transv.	Diant.-Transv.	Diant.-Transv.	Diant.-Transv.	Diant.-Transv.	Diant.-Transv.	Diant.-Transv.	Diant.-Transv.
M ou V	V	M	M	M	M ou V	M	M
Carbono (AP)	Cerâmica (Tilton)	Carbono (AP)	Carbono (Tilton)	Carbono (Tilton)	Metálico (AP)	Cerâmica	Ñ-metálico (F&S)
Disco simples	Disco simples	Disco simples	Disco simples	Disco duplo	Disco simples	Disco simples	Disco simples
6 (Xtrac)	6 (NME-FFD)	6	6	6 sq. (Xtrac)	7 (FFD)	6	6
DV310 (AP)	DV305 (Brembo)	DV295 (AP)	DV305 (Alcon)	DV332 (Alcon)	DV323 (Alcon)	DV295 (AP)	DV280 (AP)
DV355 (AP)	DV332 (Brembo)	DV325 (AP)	-	-	DV332 (Alcon)	DV325 (AP)	DV304 (AP)
D265 (AP)	DV280 (AP)	DV254 (AP)	DV280 (Alcon)	DV280 (Alcon)	DV254 (Alcon)	D264 (AP)	D240 (Skoda)
DV265 (AP)	DV280 (Alcon)	D254 (AP)	-	-	DV254 (Alcon)	D264 (AP)	D240 (Skoda)
McPh. (Bilstein)	McPh. (Bilstein)	McPh.	McPh.	McPh.	McPh. (Bilstein)	McPh. (Proflex)	McPh. (Proflex)
TB+C (Bilstein)	PLS (Bilstein)	CCB	TA	TA+TB	TA (Bilstein)	TA (Bilstein)	CA+TA (Proflex)
4.108	3.975	4.086	3.995	3.995	3.708	3.813	3.855
1.685	1.690	1.688	1.685	1.835	1.741	1.640	1.705
1.378	1.410	1.410	1.375	1.375	1.395	1.424	1.350
2.530	2.430	2.517	2.580	2.600	2.472	2.440	2.450
1.440	1.435	1.434	1.470	1.647	1.520	1.450	1.500
1.461	1.415	1.436	1.440	1.628	1.450	1.450	1.480
940	950	950	930	930	950	930	850
1/01/1992	1/01/1993	1/02/1992	1/04/1994	1/04/1994	1/01/1994	1/07/1994	1/02/1995
A5450	A5470	A5452	A5510	A5510	A5433	A5517	A5528
Mil Lagos 94	RAC 93	RAC 92	Rouergue94	Alsace-Vosges 95	Monte-Carlo 95	Catalunha 94	Suécia 95

NB: (1) Todos os carros do Campeonato Mundial de 2 litros têm diferentes diferenciais dianteiros (tração dianteira) e motor de aspiração atmosférica.
(2) Todos possuem motores de 16 valvulas (excepto a Skoda que tem 8 valvulas).

Chave: C - Mola; CA - Eixo de manivela; CCB - Eixo de manivela composto; D- Disco; DV - Discos ventilados; il - Em linha; Inj. - Injecção; MM - Magneti Marelli; M - Mecânico; McPh - McPherson; ohc - Árvore de cames; PLS - Estrutura de elos paralelos; sq. - Sequencial; Trans. - Transversal; TA - Braço oscilante; TB - Barra de torsão; V - Viscoso.

Carros do Mundial

Ford

A RAS Ford utilizou o Escort RS Cosworth. O trabalho iniciado em 1994 no sistema de ligação da caixa sequencial foi abandonado. Em Monte Carlo, as suspensões dianteira e traseira foram alteradas e a embaladeira da roda foi modificada para reduzir a nervosidade; o controlo de tracção foi estreado. Após o problema de Delecour na Suécia, a atenção concentrou-se em Portugal no sistema da tubagem de óleo. Na Córsega, Delecour e Thiry empregaram a nova caixa de seis velocidades. Os dois carros de Boreham dispunham de travões Brembo de oito pistões para asfalto, novos apoios da suspensão dianteira para permitir uma melhor geometria, novas gaiolas de seguran-

ça concebidas para ajudarem a fixar a segunda roda sobressalente numa posição mais baixa, depósitos de água dispostos de forma diferente. Na Nova Zelândia, os diferenciais activos centrais (estreados por Wilson no Midland Rally e depois por Vatanen na Indonésia) foram utilizados pela primeira vez no Mundial por Delecour e Thiry. Foram concebidos novos veios de excêntricos para melhorar as prestações do motor a baixas velocidades.

Mitsubishi

A Ralliart utilizou velhos Mark II Lancer em Monte Carlo e na Suécia. Um Mark III preparado pelos japonseses foi entregue a Shinozuka no Safari e a seguir à Córsega a Ralliart usou sempre este modelo. Outra grande alteração: os amortecedores Ohlin com dispositivos de compressão extra substituíram os Bilstein. Os diferenciais centrais e dianteiros controlados electronicamente, nunca antes usados no Mundial, foram estreados em Monte Carlo. O mais distintivo no Mark III eram os apêndices aerodinâmicos

(spoiler, grande asa traseira e peças laterais) e foi homologado com rodas de 15 e 16 polegadas, o que permitia a utilização

de 18 polegadas nos carros de Grupo A em asfalto. A equipe utilizou pela primeira vez sistemas anti-bang bang. Na Nova Zelândia, os carros foram rebaixados mais do que o habitual para terra com a embaladeira da roda alterada para melhor suportar os elevados ângulos das lombas das estradas. No túnel de vento foram desenvolvidas novas ópticas.

Subaru

A 555 Subaru World Rally Team utilizou sempre o Impreza 555. Devido ao novo diâmetro dos restritores alterou a caixa de velocidades e os diferenciais obtendo-se agora relações de caixa mais curtas. Procedeu igualmente a modificações no veio de excêntricos, na taxa de compressão e no desenho do motor. As falhas no propulsor na Suécia deveram-se as peças de alumínio que se soltaram do bloco, encravando a válvula da pressão de óleo. Em Portugal, Sainz teve uma carro especial, mais leve que os outros, com motor mais potente, e a equipe assumiu riscos controlados ao longo do rali com esta preparação — e a sua estratégia acabou por resultar! Na Córsega, a injecção a água foi a principal novidade. Em

condições extremas isto proporcionou mais 10 cv mas não constituiu uma vantagem tão grande como isso.

Tendências técnicas

Restritores

Desde 1 de Janeiro de 1995, os carros de Grupo A têm o diâmetro de abertura do turbo limitado a 34 mm e os de Grupo N a 32 mm. A nova dimensão dos restritores nos carros de Grupo A obrigou a muitas mudanças nas especificações dos motores, principalmente nos veios de excêntricos e criou a necessidade de taxas de compressão mais elevadas.

Toyota

A Toyota Castrol Team utilizou ao longo da temporada o GT-Four excepto no Safari onde recorreu ao Turbo 4WD. Para cumprir os novos regulamentos, os diferenciais e as suspensões foram modificados para ajudar a reduzir o desgaste sobre os pneus. Houve algumas modificações na gestão do motor mas os veios de excêntricos e a taxa de compressão permaneceram inalterados. As taxas de relação de diferencial foram elevadas. O desenvolvimento do controlo de tracção parou enquanto o sistema de controlo electrónico dos diferenciais era desenvolvido: pretendia-se que ambos os sistemas acabassem por trabalhar conjuntamente. A fraca prestação em Monte Carlo deveu-se a uma super-conservadora gestão do motor. Depois de experimentar amorte-

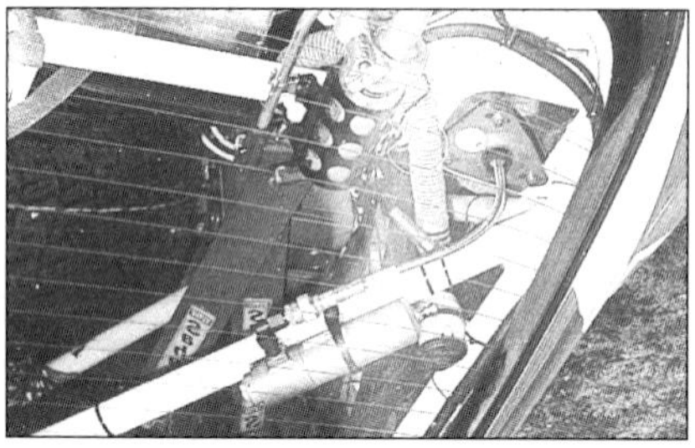

cedores Dynamic, a equipe voltou a empregar na Austráli os Bilstein e começou a usar sistemas de reservatórios remotos.

Schwarz experimentou em Portugal e na Córsega o diferencial central controlado electronicamente, primeiro com juntas

de apoio viscosas. Na Córsega, todos os carros da equipe tinham sido sujeitos à revisão do design das gaiolas de segurança internas e foram aligeirados para beneficiarem da clarificação da FIA, após o rali de Portugal, acerca do peso dos carros, incluindo especialmente o redesenho da suspensão traseira. Na Nova Zelândia, todos os carros dispunham de diferencial activo central mas não utilizavam sistemas de juntas viscosas de apoio, possibilitando reduções de peso nas transmissões.

Estreantes

Kia

A Kia envolveu-se no Campeonato do Mundo de Ralis devido à participação dos seus rivais da Hyundai! Inscreveu dois Sephia no Telstra Rally Australia, confi-

ando a preparação e pilotagem a Rob Herridge — e os responsáveis da marca sentaram-se observando todos os passos que ele dava.

Um dos carros era uma versão 1.8, o outro um 1.6: este último obteve uma vitória confortável na sua classe, enquanto o carro de 1.8 teve uma longa disputa com o Lantra que só foi resolvida na última classificativa. Entretanto não foi anunciada qualquer outra actividade mas estejam atentos a este espaço!

Tendências técnicas

Pesos

A norma do peso mínimo foi clarificada após o rali de Portugal, adoptando-se o princípio do "peso em competição" dos carros. Isto significava que em circunstância alguma o peso do veículo poderia ficar abaixo do mínimo: anteriormente, os comissários podiam retirar o equipamento extra (rodas sobressalentes, combustível, etc) antes de procederem à pesagem.

Perodua

Este construtor da Malásia participou

no campeonato do seu país com uma competição monomarca, mas no Rali da Malásia, pontuável para o Ásia-Pacífico, utilizou uma versão turbocomprimida, de tracção integral, do Daihatsu Mira do campeonato nipónico de city cars, que foi montado no Japão e possui um aspecto similiar ao Subaru Vivio.

Kit Kars

Peugeot

O 306 Maxi revelou-se logo competitivo mal entrou no campeonato francês

(para o qual originalmente foi concebido). No início, a suspensão era muito macia. Para o asfalto, o carro foi bem projectado: a sua largura impressionante dá-lhe um excelente rolamento. Em comparação com o seu rival da Renault, o Peugeot tinha um espaço suplementar no compartimento do motor e dispunha de uma caixa de aspiração de ar sob o capot.

O construtor utilizou o sistema de caixa sequencial. Quando os dois Maxis participaram no San Remo, o piso de terra (que representou quase metade do percurso) dificultou muito a prestação dos carros, uma vez que se tinham efectuado poucos testes em terra antes do rali.

Renault

A Renault desenvolveu o Clio Maxi no espaço de seis meses. O maior desafio consistiu no estabelecimento de um conceito para a carroçaria, para obter o máximo de vantagem das rodas maiores, da maior largura do veículo e também das oportunidades aerodinâmicas.

Foram preparados dois tipos de motores, um kit "Client", concentrado na admissão e nas liberdades do propulsor, que debitava cerca de 250 cv; e outro para os carros de fábrica em que os motores dispunham de peças desenvolvidas para o Laguna do Campeonato de Turismo, debitando 270 cv às 8.500 rpm. Depressa se tornou claro que os kit cars tinham motores muito pontiagudos, por isso a Renault pediu à Ferguson, na Grã-Bretanha, para produzir uma caixa especial de sete velocidades, estreada no Grasse Alpin. A principal alteração na Córsega foi o motor "Evolution II" com um curso mais curto e um diâmetro maior: o objectivo era uma maior banda de potência e um binário superior.

Skoda

O Felicia Kit Car estreou-se no Mundial na Suécia, com dois motores. Os testes iniciais depressa mostraram que os eixos do motor não eram suficientemente fortes e foram reforçados. A única diferença entre os carros de 1.300 cc e os de 1.500 cc residia no motor, tendo este último um binário superior. O 1.300 cc debitava 138 cv e o de 1.500 cc 150 cv. Ambos dispunham da mesma carroçaria e de

rodas iguais, o que significava que a versão de 1.300 cc era demasiado pesada.

Em Portugal, a Skoda efectuou muitas alterações de pormenor: o tipo de óleo refrigerador, o óleo de arrefecimento da bomba da direcção e um novo filtro de ar. Na Córsega, os refrigeradores da caixa de

velocidades foram colocados ao lado do refrigerador do óleo do motor e os tubos de escape agora são laterais. A partir da Acrópole, a Skoda participou apenas com o modelo de 1.500 cc no Mundial de Fórmula 2.

Carros ortodoxos de "F2"

Entre os contrutores do Mundial de F2, a Nissan foi a única equipe a prosseguir o desenvolvimento do trabalho no carro ortodoxo de Grupo A. O seu modelo do campeonato britânico tinha sido sujeito a um trabalho considerável desde o Rali RAC de 1994 e foi testado em competição por de Mevius. A Nissan introduziu a especificação "segunda geração", com mais 5 mkg de binário (um aumento de 20%) e mais 5 cv (230 cv), devido às alterações nos veios de excêntricos, escape, colector de ar e cabeça de cilindro, além de uma cremalheira da direcção mais rápida. O desenvolvimento de uma nova suspensão prosseguiu após a homologação a 1 de Abril de 1995; existiram novas relações de caixa com o intuito de tornar as passagens entre relações mais constantes, e o controlo de tracção que deveria ficar disponível durante o ano.

Prosseguiu o desenvolvimento detalhado no Seat Ibiza GTi ortodoxo de Grupo A. Introduziram-se alterações no diferencial antes do seu sucesso impressionante no Rali da Acrópole, mas entretanto o grosso do trabalho estava a ser concentrado no kit car que seria apresentado no final do ano.

Tendências técnicas

Combustível

Antes da Nova Zelândia, todas as equipes oficiais concordaram em utilizar combustível FIA Control nas provas fora da Europa. Em comparação com o Avgas normalmente permitido no Mundial de Ralis fora da Europa ou o combustível com a especificação de "bomba" autorizado nos ralis do Ásia-Pacífico, este é potencialmente menos potente.

Carros de "F2" do Ásia--Pacífico

A Daewoo apareceu ocasionalmente com carros de Grupo N mas sem um objectivo preciso, enquanto a sua única participação no Mundial se efectuou através do importador queniano da marca. O Honda Civic de Taiwan revelou-se muito prometedor nas mãos de Hynes mas o Japão foi parco no fornecimento de peças de competição e muitos problemas menores hipotecaram prestações melhores. Os interesses da Hyundai foram defendidos por Wayne Bell, campeão em título de "F2" do Ásia-Pacífico, na Austrália, que participou com a nova versão do J2 e ganhou uma experiência valiosa em Grupo A.

Outros carros

A Hyundai competiu com carros especiais de tracção integral na África do Sul e nos Estados Unidos. Billy Rautenbach venceu o campeonato africano de ralis no Zimbabwe e o Total Rally na África do Sul com um Accent equipado com a transmissão do Mitsubishi Galant VR-4, e possuia um motor de 2 litros, 16V e 200 cv, e uma caixa de seis velocidades Xtrac. Nos EUA, Paul Choinirie participou no respectivo campeonato nacional com um Lantra turbocomprimido e de tracção integral.

A Kia apareceu no Rali da Austrália e obteve resultados impressionantes, ainda que os Sportage de tracção integral tenham sido utilizados na Acrópole. A Proton entrou com o seu Wira de 1.6 litros no Rali da Austrália, mas espera alinhar com um novo carro de 1.8 litros em 1996. A Suzuki alcançou um enorme sucesso com o seu velho modelo Swift GTi de 1,3 litros, mas já existem planos

para participar em 1996 com um Baleno de tracção a duas rodas motrizes, depois possivelmente um modelo de tracção integral em 1997.

Tendências técnicas

Pneus

Os novos regulamentos forçaram os dois principais fornecedores de pneumáticos a trabalharem muito nos três meses anteriores a Monte Carlo. Mais uma vez, a Pirelli calçou a Subaru e a Ralliart Germany enquanto a Michelin forneceu a Ford, Mitsubishi e Toyota. Enquanto as outras equipes podiam utilizar no asfalto pneus de 18'', até ao aparecimento do Mark III na Córsega, a dimensão máxima para a Mitsubishi continuava a ser de 17 ''. Todas as equipes se concentraram nas rodas de 15'' para os pisos de terra. Para obedecer aos novos regulamentos das assistências, a maioria dos carros trazia dois pneus sobressalentes, por isso as rodas dianteiras podiam ser trocadas pelas suplentes nas zonas onde a assistência era totalmente interdita. Contudo, a Subaru levava frequentemente apenas uma roda sobressalente. Para a neve os pneus usados eram de 16''. A Toyota optou por pneumáticos Lappi, fabricados pela Trelleborg, na Suécia porque proporcionavam mais rigidez. Os pneus esculturados eram obrigatórios nos carros de grupo A, embora na "F2" os veículos possam usar slicks com três estrias longitudinais. O Mitsubishi de Ordynski utilizou pneus Bridgestone na Nova Zelândia e na Austrália, fazendo com que um terceiro fornecedor entrasse no Mundial.

Chegada para breve...

A Ford exibiu no Salão Automóvel de Londres a versão Kit Car do Escort RS2000. O objectivo consistiu na produção de um veículo acessível ao orçamento

Arquivo

de pilotos privados que não podem adquirir Kit Cars aos construtores rivais e também beneficiou da tecnologia resultante da participação dos carros com motor V6 no Campeonato de Turismo. Espera-se que o modelo seja homologado em Abril de 1996.

A Nissan preparou dois modelos diferentes para 1996. A marca irá concentrar as suas atenções no Almera de 1.8 litros que substituirá o Sunny de 2 litros e desenvolveu o Micra de 1,3 litros, aproveitando o trabalho efectuado no Micra

Arquivo

Challenge que ficou por aí.

A Renault foi a primeira marca a iniciar o trabalho no segundo Kit Car, neste caso baseado no substituto do Clio, o Megane. Os primeiros testes decorreram em Outubro, perto de Vichy. Entretanto ficaram opções em aberto acerca da participação num carro ortodoxo de "F2", num Kit Car de "F2" ou num "Super Kit Car".

A Seat apresentou o Kit Car Ibiza GTi no Rali da Catalunha, onde Erwin Weber foi autorizado a entrar como carro-zero. A principal alteração residiu no aumento da cilindrada para dois litros.

Tendências técnicas

Kit cars

Só dois tipos de kit cars, totalmente opostos, apareceram em Monte Carlo. O Renault Clio Maxi foi encorajado pela ambição da FIA em nivelar as prestações dos carros de "Fórmula 2" com os veículos turbocomprimidos de tracção integral, pelo menos no asfalto, enquanto o Fiat Cinquecento Sport pretendia ser a base de uma competição monomarca internacional. O Troféu Cinquecento não pode ser homologado como carro de Grupo A porque tinha sofrido demasiadas transformações que não respeitavam o Apêndice J (sobretudo devido a alterações no sistema de admissão) mas enquadrou-se nas normas para os kit cars.

O Skoda Felicia foi estreado na Suécia enquanto o Peugeot Maxi participou primeiro no Rali Alsace-Vosges, pontuável para o campeonato francês, mas em provas do Mundial de "F2" só apareceu uma vez. A Seat deveria competir em 1995 mas depois só fez uma aparição de demonstração na Catalunha.

Ao longo do ano, o conceito de kit car esteve em debate. Alguns países desencorajaram activamente esta categoria, enquanto outros a defenderam. Uma das coisas que gerava uma concordância generalizada era que estes carros, com vias agressivas mais largas, criavam um espectáculo excitante. Era uma pena não haver uma política uniforme em relação ao seu futuro.

63rd RALLYE MONTE CARLO

1ª Prova - 26.01.95
Percurso de classificação: Concentração a partir de 6 cidades: 922km.
Percurso: 1ª etapa - Valance/St. Agreve/Valance: 416,22km - 6PC (171,71km) asfalto; 2ª etapa - Valance/Serre/Dignes-les-Bains: 526,24km - 6PC (167,34km) asfalto; 3ª etapa - Digne-les-Bains/Monte-Carlo: 268,55km - 3PC (59,09km) asfalto; 4ª etapa - Monte-Carlo/Monte-Carlo: 474,07km - 6PC (148,66km) asfalto. **Total:** 2607km - 21PC (546,80km).
Média do Vencedor: 83,58km/h. **Condições atmosféricas:** Tempo humido e enublado na 1ª etapa, limpo até ao final. Gelo e neve nas PCs. 8 PCs noturnas.

Largaram: 199; **Terminaram:** 131; **Completaram o percurso:** 83.
Líderes: C. McRae, PC1; Sainz, PC2/PC8; Delecour, PC9/PC10; Sainz, PC11/PC21.
Vencedores: Sainz/Moya, **Geral-Grupo A**; Camandona/Crausaz, **Grupo N**.
Campeonatos Marcas: Ford, 47; Subaru, 46; Mitsubishi, 36; Toyota, 25. **Pilotos:** Sainz, 20; Delecour, 15; Kankkunen, 12; Makinen, 10; Thiry, 8; Aghini, 6; Ragnotti, 4; Liatti, 3, Camandona, 2; Holderied, 1. **Grupo N:** Camandona, 13; Holderied, 10, Madeira, 7; Samuel, 5; Gassner, 4; Phillips, 3.
Taça do MundoFeminina: Holderied, 11.

CLASSIFICAÇÃO FINAL

Cl.	Piloto/Co-Piloto	Nac.	Nº	Carro	Grupo	Tempo
1º	Carlos Sainz/Luis Moya	E	5	Subaru Impreza 555	A	6h.32m.31s.
2º	Francois Delecour/Catherine Francois	F	7	Ford Escort RS Cosworth	A	6h.34m.56s.
3º	Juha Kankkunen/Nicky Grist	FIN/GB	2	Toyota Celica GT-Four	A	6h.36m.28s.
4º	Tommi Makinen/Seppo Harjanne	FIN	11	Mitsubishi Lancer Evolution II	A	6h.37m.10s.
5º	Bruno Thiry/Stephane Prevot	B	8	Ford Escort RS Cosworth	A	6h.39m.18s.
6º	Andrea Aghini/Sauro Farnocchia	I	12	Mitsubishi Lancer Evolution II	A	6h.43m.17s.
7º	Jean Ragnotti/Gilles Thimonier	F	14	Renault Clio Maxi	A	7h.04m.26s.*
8º	Piero Liatti/Alex Alessandrini	I	6	Subaru Impreza 555	A	7h.09m.54s.
9º	Philippe Camandona/Georges Crausaz	CH	24	Ford Escort RS Cosworth	N	7h.13m.01s.
10º	Isolde Holderied/Tina Thorner	D/S	17	Mitsubishi Lancer Evolution II	N	7h.13m.34s.**

** Vencedor do Campeonato de 2 litros ** Vencedora da classificação feminina.*

PCS: OS MAIS RÁPIDOS

	1ª	2ª	3ª	4ª	5ª	6ª
Sainz	7	4	5	1	2	2
Delecour	6	3	2	3	2	2
Kankkunen	3	3	2	4	1	3
Thiry	3	2	1	4	2	2
McRae	2	2	-	1	1	3
Makinen	-	6	1	1	6	1
Auriol	-	3	3	4	-	-
Aghini	-	1	2	1	2	2
Schwarz	-	-	2	-	1	1

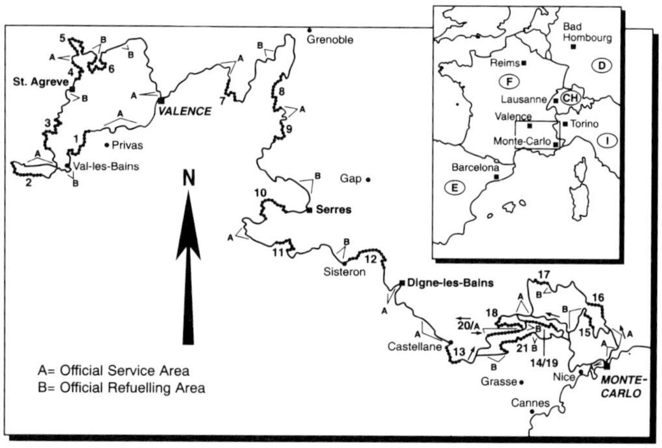

VENCEDORES ANTERIORES

1983	W.Rohrl/C.Geistdorfer	Lancia Rally
1984	W.Rohrl/C.Geistdorfer	Audi Quattro
1985	A.Vatanen/T.Harryman	Peugeot 205 Turbo
1986	H.Toivonen/S.Cresto	Lancia Delta S4
1987	M.Biasion/T.Siviero	Lancia Delta HF 4WD
1988	B.Saby/J.Fauchille	Lancia Delta HF 4WD
1989	M.Biasion/t.Siviero	Lancia Delta Integrade
1990	D.Auriol/B.Occelli	Lancia Delta Integrade
1991	C.Sainz/L.Moya	Toyota Celica GT-4
1992	D.Auriol/B.Occelli	Lancia HF Integrale
1993	D.Auriol/B.Occelli	Toyota Celica Turbo 4WD
1994	F.Delecour/D.Grataloup	Ford Escort RS Cosworth

RESULTADOS FINAIS DO CAMPEONATO MUNDIAL DE MARCAS DE 2 LITROS

Largaram: 120; **Terminaram:** 79; **Completaram o percurso:** 46.
Média do vencedor: 77,30km/h.
Líderes: Bugalski, PC1/PC16; Ragnotti, PC17/PC21. **Melhores tempos:** Ragnotti, 11PCs e Bugalski 10PCs.
Campeonato de Marcas: Renault, 65, Peugeot, 28; Opel, 25; Fiat, 20; Nissan, 18; Citroën, 4; VW, 2.

CLASSIFICAÇÃO FINAL

Cl.	Piloto/Co-Piloto	Nac.	Nº	Carro	Grupo	Tempo
1º	Jean Ragnotti/Gilles Thimonier	F	14	Renault Clio Maxi	A	7h.04m.26s.*
2º	Eddie Mercier/Jean-Michel Veret	F	36	Renault Clio Williams	N	7h.30m.38s.*
3º	Philippe Rubiolo/Regine Cabaniols	F	49	Renault Clio Williams	N	7h.33m.37s.
4º	Daniel Fores/Frederick Dart	F	48	Renault Clio Williams	N	7h.40m.48s.
5º	Julien Quinonero/Bernard Perret	F	63	Peugeot 106 Rallye	A	7h.49m.10s.*

** Pilotos que pontuaram para o Mundial de Marcas*

44th INTERNATIONAL SWEDISH RALLY

2ª Prova - 10/12.02.95

Percurso: 1ª etapa - St. Torget, Karlstad/Smedjebacken/Falun: 537,97km - 8PC (193,16km) terra; 2ª etapa - Falun/Torsby/Parking Gripen, Karlstad: 625,77km - 10PC (158,49km) terra; 3ª etapa - Parking Gripen, Karlstad/St. Torget/Karlstad: 469,03km - 7PC (149,47km) terra. **Total:** 1632,77km - 25PC (501,12km).

Média do vencedor: 103,16km/h

Condições atmosféricas: Tempo com sol e seco. 1ª e 2ª etapas com neve fresca, 3º etapa com neve e gelo. 8PCs noturnas.

Largaram: 95; **Terminaram:** 43.

Líderes: Auriol, Makinen e T. Radstrom, PC1; Makinen, PC2; K. Eriksson, PC3/PC4; K. Eriksson e Makinen, PC5; Makinen, PC6; Makinen e K. Eriksson, PC7; K. Eriksson, PC8; Makinen, PC9; K Eriksson, PC10/PC18; Makinen, PC19/PC24, K. Eriksson, PC25.

Vencedores: Eriksson/Parmander, **Geral Grupo A**; Backlund/Andersson, **Grupo N.**

Campeonatos: Marcas: Mitsubishi, 100; Ford, 75; Toyota, 71; Subaru, 46. **Pilotos:** Makinen, 25; Kankkunen, 22; Sainz e Eriksson, 20; Delecour, 15; Thiry, 14; T. Radstrom, 12; Auriol, 8; Aghini, 6; Ragnotti e Blomqvist, 4. **Grupo N:** Camandona e Backlund, 13; Holderied e Walfridsson, 10; Madeira e Anders Radstrom, 7.

Taça do Mundo Feminina: Holderied, 11.

CLASSIFICAÇÃO FINAL

Cl.	Piloto/Co-Piloto	Nac.	Nº	Carro	Grupo	Tempo
1º	Kenneth Eriksson/Staffan Parmander	S	10	Mitsubishi Lancer Evolution II	A	4h.51m.27s.
2º	Tommi Makinen/Seppo Harjanne	FIN	11	Mitsubishi Lancer Evolution II	A	4h.51m.39s.
3º	Thomas Radstrom/Lars Backman	S	14	Toyota Celica GT-Four	A	4h.52m.34s.
4º	Juha Kankkunen/Nicky Grist	FIN/GB	2	Toyota Celica GT-Four	A	4h.53m.45s.
5º	Didier Auriol/Bernard Occelli	F	1	Toyota Celica GT-Four	A	4h.53m.47s.
6º	Bruno Thiry/Stephane Prevot	B	8	Ford Escort RS Cosworth	A	4h.56m.58s.
7º	Stig Blomqvist/Benny Melander	S	9	Ford Escort RS Cosworth	A	4h.58m.16s.
8º	Tomas Jansson/Ingemar Algerstedt	S	15	Toyota Celica Turbo 4WD	A	4h.59m.29s.
9º	Armin Schwarz/Klaus Wicha	D	3	Toyota Celica GT-Four	A	5h.01m.12s.
10º	Kenneth Backlund/Tord Andersson	S	12	Mitsubishi Lancer Evolution II	N	5h.04m.11s.
12º	Per Svan/Johan Olsson	S	18	Opel Astra GSi	A	5h.09m.34s.*

** Vencedor do Campeonato de 2litros*

PCS: OS MAIS RÁPIDOS

	1ª	2ª	3ª	4ª	5ª	6ª
Makinen	9	8	3	3	1	-
Eriksson	8	5	6	1	1	1
Jasson	3	1	-	2	1	1
Kankkunen	3	-	3	5	1	2
t. Randstrom	2	7	-	4	4	2
McRae	2	1	4	2	2	4
Auriol	2	1	-	4	6	4
Sainz	1	2	-	1	-	1
Blomqvist	1	-	-	3	3	5

VENCEDORES ANTERIORES

1985	A.Vatanen/T.Harryman	Peugeot 205 Turbo 16
1986	J. Kankkunen/J. Pironen	Peugeot 205 Turbo 16
1987	T. Salonen/S. Harjane	Mazda 323 4WD
1988	M. Alen/I. Kivimaki	Lancia Delta HF 4WD
1989	I. Carlsson/P. Carlsson	Mazda 323 4WD
1990	Não divulgado	
1991	K. Eriksson/S. Parmander	Mitsubishi Galant VR-4
1992	M. Jonsson/L. Backman	Toyota Celica GT-Four
1993	M. Jonsson/L. Backman	Toyota Celica GT-Four
1994	T. Radstrom/L. Backman	Toyota Celica Turbo 4WD

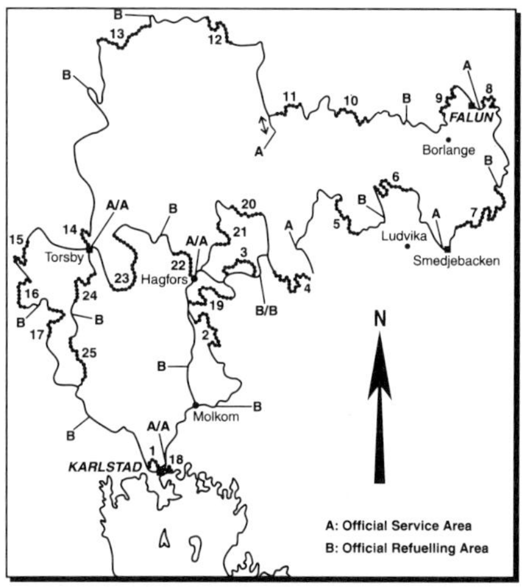

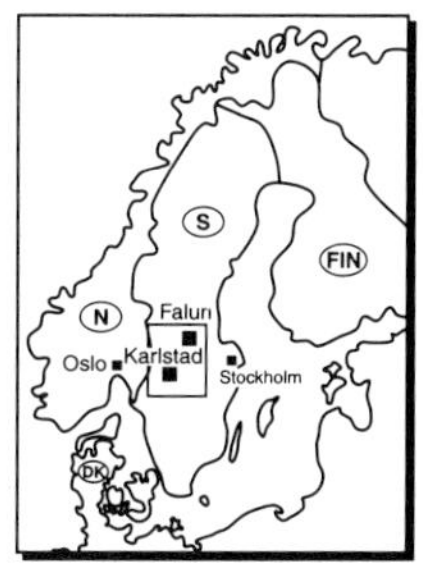

RESULTADOS FINAIS DO CAMPEONATO MUNDIAL DE MARCAS DE 2 LITROS

Largaram: 45 **Terminaram:** 23

Média do vencedor: 97,13km/h.

Líderes: Johansson, PC1/PC3; Svan, PC4/PC6; Kytoletho, PC7; Svan, PC8/PC25. **Melhores tempos:** Svan, 20PCs; Kytoleth, 4PCs; Johasson 3PCs. **Campeonato de Marcas:** Opel, 89; Renault, 65; Peugeot, 37; Skoda, 33; Ford, 21; Fiat, 20; Nissan, 18; Citroën, 17, VW, 15; Suzuki, 7.

CLASSIFICAÇÃO FINAL

Cl.	Piloto/Co-Piloto	Nac.	Nº	Carro	Grupo	Tempo
1º	Per Svan/Johan Olsson	S	18	Opel Astra GSi	A	5h.09m.34s.*
2º	Jarmo Kytoletho/Arto Kapanen	Fin	19	Opel Astra GSi	A	5h.12m.30s.*
3º	Anders Nilsson/Per Schlegel	S	32	Opel Astra GSi	A	5h.20m.27s.
4º	Andreas Eriksson/Patrik Henriksson	S	48	Ford Escord RS2000	A	5h.22m.09s.
5º	Emil Triner/Pavel Stanc	CZ	27	Skoda Felicia Kit Car 1300	A	5h.27m.56s.*

** Pilotos que pontuaram para o Mundial de Marcas*

28º RALLYE DE PORTUGAL - TAP

3ª Prova - 8/10.03.95
Percurso: 1ª etapa - Figueira da Foz/Lousada/Póvoa do Varzim: 726,25km - 11PC (177,32km) terra; 2ª etapa - Póvoa do varzim/Lousada/Viseu: 463,35km - 10PC (147,91km) terra; 3ª etspa - Viseu/Arganil/Figueira da Foz: 516,21km 10PC (141,82km) terra. Total: 1705,81km - 31PC (467,05km). PCs 24 e 27 canceladas antes da largada.
Média do vencedor: 84,25km/h.
Condições atmosféricas: Tempo instável. 3PCs noturnas.

Largaram: 114, **Terminaram**: 39
Líderes: Kankkunen, PC1/PC10; Sainz, PC11/PC12; Sainz e Kankkunen, PC13; Kankkunen, PC14/PC29; Kankkumem e Sainz, PC30; Sainz, PC31/PC33.
Campeonatos: Marcas: Mitsubishi, 132;Toyota, 121;Subaru, 106; Ford, 101. **Pilotos**: Sainz, 40; Kankkunen, 37; Makinen, 25; Eriksson e Thiry, 20; Auriol, 16; Delecour, 15; Radstrom, McRae e Schwarz, 12. **Grupo N**: Madeira, 20; Holderied, 17;Camandona e Backlund, 13; Walfridsson e Recalde, 10.**Taça do Mundo Feminina**: Holderied, 21.

CLASSIFICAÇÃO FINAL

Cl.	Piloto/Co-Piloto	Nac.	Nº	Carro	Grupo	Tempo
1º	Carlos Sainz/Luis Moya	E	5	Subaru Impreza 555	A	5h.32m.37s.
2º	Juha Kankkunen/Nicky Grist	FIN/GB	2	Toyota Celica GT-Four	A	5h.32m.49s.
3º	Colin McRae/Derek Ringer	GB	4	Subaru Impreza 555	A	5h.35m.51s.
4º	Armin Schwarz/Klaus Wisha	D	3	Toyota Celica GT-Four	A	5h.37m.36s.
5º	Didier Auriol/Bernard Occelli	F	1	Toyota Celica GT-Four	A	5h.38m.50s.
6º	Bruno Thiry/Stephane Prevot	B	8	Ford Escort RS Cosworth	A	5h.41m.23s.
7º	Richard Burns/Robert Reid	GB	7	Subaru Impreza 555	A	5h.46m.58s.
8º	Alex Fiorio/Vittorio Brambilla	I	9	Ford Escort RS Cosworth	A	5h.58m.14s.
9º	Rui Madeira/Nuno Silva	P	12	Mitsubishi Lancer Evolution II	N	6h.03m.36s.
10º	Jorge Recalde/Martin Christie	RA	11	Mitsubishi Lancer Evolution II	N	6h.07m.22s.
11º	Isolde Holderied/Tina Thorner	D/S	10	Mitsubishi Lancer Evolution II	N	6h.13m.33s.**
16º	Piergiorgio Deila/Pierangelo Scalvini	I	57	Peugeot 306S16	A	6h.27m.55s.*

* *Vencedor do Campeonato de 2 litros* ** *Vencedora da classificação feminina*

PCs: OS MAIS RÁPIDOS

	1ª	2ª	3ª	4ª	5ª	6ª
Kankkunen	13	10	7	1	-	-
Sainz	12	7	3	7	2	-
Auriol	4	7	5	5	4	3
Schwarz	2	5	3	8	8	1
McRae	2	4	11	2	7	4
Delecour	1	-	-	1	-	-
Thiry	-	1	1	5	6	10
Gronholm	-	-	-	-	2	9
Burns	-	-	-	-	1	3

VENCEDORES ANTERIORES

1985	T. Salonen/S. Harjane	Peugeot 205 T16
1986	J. Moutinho Edgar Fortes	Renault 5 Turbo
1987	Markku Alen/Ilkka Kivimaki	Lancia Delta HF 4WD
1988	M. Biasion/C. Cassina	Lancia Delta Integrale
1989	M.Biasion/T.Siviero	Lancia Delta Integrale
1990	M.Biasion/T.Siviero	Lancia Delta Integrale
1991	C.Sainz/L.Moya	Toyota Celica GT-Four
1992	J. Kankkunen/J. Piironen	Lancia HF Integrale
1993	F.Delecour/D.Grataloup	Ford Escort RS Cosworth
1994	J. Kankkunen/N. Grist	Toyota Celica Turbo 4WD

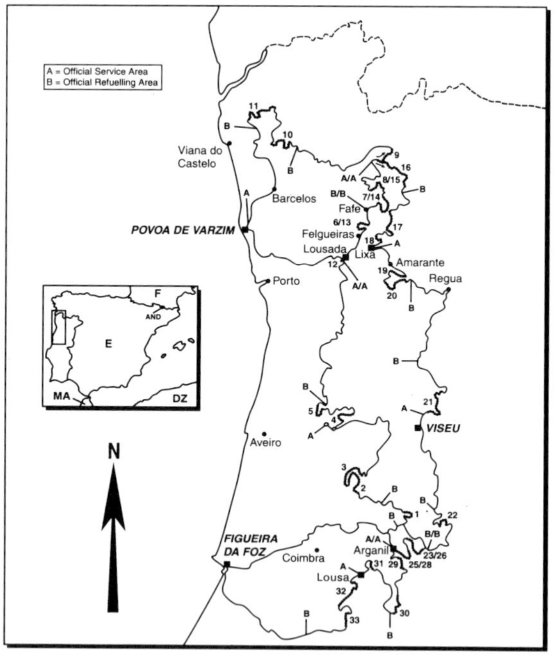

RESULTADOS FINAIS DO CAMPEONATO MUNDIAL DE MARCAS DE 2 LITROS

Largaram: 58, **Terminaram**: 13.
Média do vencedor: 72,24km/h. *Líderes*: Loix, PC1; de Mevius, PC2/PC6; Loix, PC7/PC25; Deila, PC26/PC33. **Melhores tempos**: de Mevius, 16 PCs; Loix, 7 PCs; Sperrer, 6 PCs; Deila e Sibera, 1 PC cada.
Campeonato de Marcas: Opel, 118, Peugeot, 91; Renault, 89; Citroën, 41; Nissan, 37; Skoda, 33; Fiat, 29; SEAT, 25; Ford, 21; VW, 15; Suzuki, 7.

CLASSIFICAÇÃO FINAL

Cl.	Piloto/Co-Piloto	Nac.	Nº	Carro	Grupo	Tempo
1º	Piergiorgio Deila/Pierangelo Scalvini	I	57	Peugeot 306S16	A	6h.27m.55s.*
2º	Raphael Sperrer/Peter Dickman	A/D	34	Opel Astra GSi	A	6h.35m.08s.*
3º	Erwin Weber/Manfred Hiemer	D	417	SEAT Ibiza GTI	A	6h.36m.21s.*
4º	António Jorge/Miguel Ramalho	P	38	Renault Clio Williams	N	6h.46m.31s.*
5º	Nikolai Burkart/Regine Rausch	D	36	Nissan Sunny GTI	A	6h.56m.33s.*

* *Pilotos que pontuaram para o Mundial de Marcas*

43 rd SAFARI RALLY - Campeonato de 2 Litros

4ª Prova - 13/116.04.95
Percurso: 1ª etapa - Nairobi/Nairobi: 668,85km - 4 secções (469,60km) terra; 2ª etapa - Nairobi/Nairobi: 973,00km - 6 secções (689,80km) terra; 3ª etapa - Nairobi/Nairobi: 1352,70km 7 secções (864,10km) terra. Total: 2994,55km - 17 secções (2023,50km).
Média do vencedor: 114,71 km/h; 61,39km/h (Campeonato de 2 litros).
Condições atmosféricas: Quase sempre seco e poeirento. 8 secções noturnas.
Largaram: 49, 8 (campeonato de 2 litros); **Terminaram**: 21, 1 (campeonato de 2 litros).
Líderes: Muitos pilotos controlaram sem penalizações, PC1/PC2; Duncan, PC3/PC4; Fujimoto, PC5/PC45. **Lideres campeonato de 2 litros**: Aslam, PC1/PC12; Anwar, PC13/PC45. **Campeonato de 2 litros**: **Marcas**: Opel, 118; Peugeot, 91; Renault, 89; Citroën, 41; Nissan, 37; Daewoo, 35; Skoda, 33; Fiat, 29; SEAT, 25; Ford, 21; VW, 15; Suzuki, 7.

CLASSIFICAÇÃO FINAL

Cl.	Piloto/Co-Piloto	Nac.	Nº	Carro	Grupo	Tempo
-	Yoshio Fujimoto/Arne Hertz	J/S	3	Toyota Celica Turbo 4WD	A	17h.38m.27s.
-	Kenjiro Shinozuka/Pentti Kuukkala	J/FIN	2	Mitsubishi Lancer Evolution III	A	18h.20m.49s.
-	Ian Duncan/Dave Willamson	EAK	1	Toyota Celica Turbo 4WD	A	19h.01m.10s.
-	Hideaki Miyoshi/Mo Verjee	J/EAK	9	Subaru Impreza 555	N	21h.37m.02s.
5º	Azar Anwar/Shailen Shah	EAK	12	Daewoo Cielo	N	32h.57m.44s*

** Vencedor do Campeonato de 2 litros*

VENCEDORES ANTERIORES

1985	J. Kankkunen/F. Gallgher	Celica Twincam Turbo
1986	B. Waldegard/F. Gallagher	Celica Twincam Turbo
1987	H. Mikkola/A. Hertz	Audi 200 Quattro
1988	M. Biasion/T. Siviero	Lancia Delta Integrale
1989	M. Biasion/T. Siviero	Lancia Delta Integrale
1990	B. Waldegard/F. Gallagher	Toyota Celica GT-Four
1991	J. Kankkunen/J. Pironen	Lancia Delta Integrale
1992	C. Sainz/L. Moya	Toyota Celica Turbo 4WD
1993	J. Kankkunen/J. Pironen	Toyota Celica Turbo 4WD
1994	I. Duncan/D. Williamson	Toyota Celica Turbo 4WD

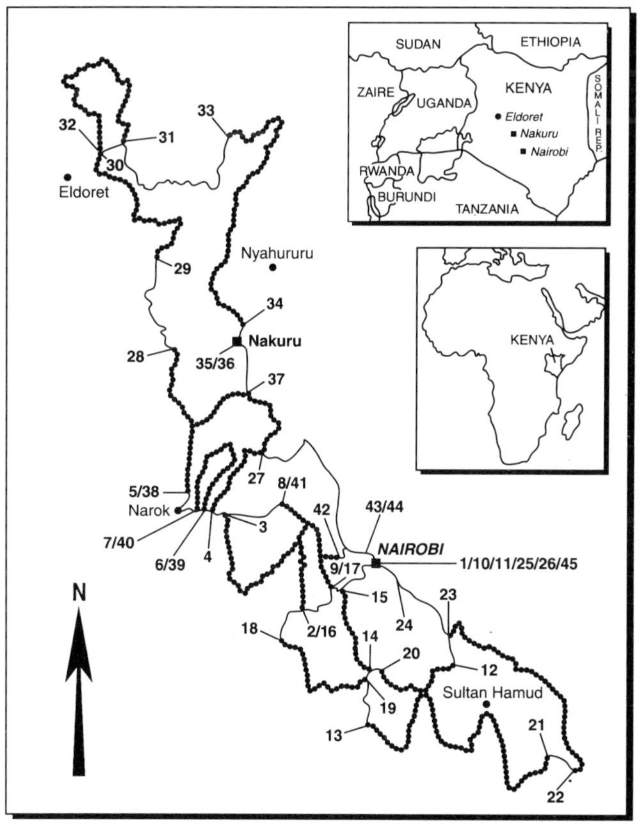

39th TOUR DE CORSE - RALLYE DE FRANCE

5ª Prova - 3/5.05.95
Percurso: 1ª etapa - Ajaccio, Place d'Austerlitz/Porto Vecchio/Corte/Bastia: 476,10km - 8PC (154,02km) asfalto; 2ª etapa - Bastia/Bastia/Calvi: 385,58km - 6PC (148,87km) asfalto; 3ª etapa - Calvi/Sagone/Baleone/Ajaccio, Campo dell'Oro/Ajaccio, Place d'Austerlitz: 371,70km 8PC (177,62km) asfalto. **Total:** 1233,38km - 22PC (480,51km).
Média do vencedor: 91,58km/h. **Condições atmosféricas:** Quente e seco.

Largaram: 91; **Terminaram:** 44.
Líderes: Delecour e Thiry, PC1; Thiry, PC2/PC20; Auriol, PC21/PC22.
Campeonatos: Marcas: Mitsubishi, 168; Toyota, 163; Subaru, 145; Ford, 143. **Pilotos:** Sainz, 50; Kankkunen, 38; Auriol, 36; Delecour, 30; Makinen, 28; Thiry, Eriksson e McRae, 20; Aghini, 18; Schwarz e Radstrom, 12. **Grupo N:** Madeira, 33; Holderied, 27; Recalde, 17; Camandona e Backlund, 13; Walfridson, 10. **Taça do Mundo Feminina:** Holderied, 32.

CLASSIFICAÇÃO FINAL

Cl.	Piloto/Co-Piloto	Nac.	Nº	Carro	Grupo	Tempo
1º	Didier Auriol/Denis Girodet	F	1	Toyota Celica GT-Four	A	5h.14m.49s.
2º	Francois Delecour/Catherine Francois	F	7	Ford escort RS Cosworth	A	5h.15m.04s.
3º	Andrea Aghini/Sauro Farnocchia	I	12	Mitsubishi Lancer Evolution III	A	5h.15m.46s.
4º	Carlos Sainz/Luis Moya	E	5	Subaru Impreza 555	A	5h.16m.07s.
5º	Colin McRae/Derek Ringer	GB	4	Subaru Impreza 555	A	5h.16m.32s.
6º	Piero Liatti/Alessandro Alessandrini	I	6	Subaru Impreza 555	A	5h.17m.16s.
7º	Patrick Bernardini/Jean-Marc Andrie	F	9	Ford Escort RS Cosworth	A	5h.17m.54s.
8º	Tommi Makinen/Seppo Harjane	FIN	11	Mitsubishi Lancer Evolution III	A	5h.19m.39s.
9º	Phillipe Bugalski/Jean-Paul Chiaroni	F	21	Renault Clio Maxi	A	5h.20m.25s.*
10º	Juha Kankkunen/Nicky Grist	FIN/GB	2	Toyota Celica GT-Four	A	5h.24m.50s.
18º	Rui Madeira/ Nuno Silva	P	14	Mitsubishi Lancer Evolution II	N	5h.43m.43s.
19º	Isolde Holderied/Tina Thorner	D/S	10	Mitsubishi Lancer Evolution II	N	5h.44m.49s.**

** Vencedor do Campeonato de 2 litros ** Vencedora da classificação feminina*

PCs: OS MAIS RÁPIDOS

	1ª	2ª	3ª	4ª	5ª	6ª
Thiry	12	4	1	1	-	-
Auriol	6	7	5	-	-	2
Delecour	4	5	4	4	1	2
Aghini	1	5	3	3	2	2
Liatti	1	1	2	3	2	5
McRae	1	-	1	3	4	4
Sainz	-	3	2	5	3	4
Kankkunen	-	-	1	1	3	4
Schwarz	-	-	1	1	1	1

VENCEDORES ANTERIORES

1985	J. Ragnotti/P. Thimonier	Renault Maxi 5 Turbo
1986	B. Saby/J. F. Fauchille	Peugeot 205 Turbo 16 E2
1987	B. Beguin/J. J. Lenne	BMW M3
1988	D. Auriol/B. Occelli	Ford Sierra Cosworth
1989	D. Auriol/B. Occelli	Lancia Delta Integrale
1990	D. Auriol/B. Occelli	Lancia Delta Integrale
1991	C.Sainz/L.Moya	Toyota Celica GT-Four
1992	D. Auriol/B. Occelli	Lancia HF Integrale
1993	F.Delecour/D.Grataloup	Ford Escort RS Cosworth
1994	D. Auriol/B. Occelli	Toyota Celica Turbo 4WD

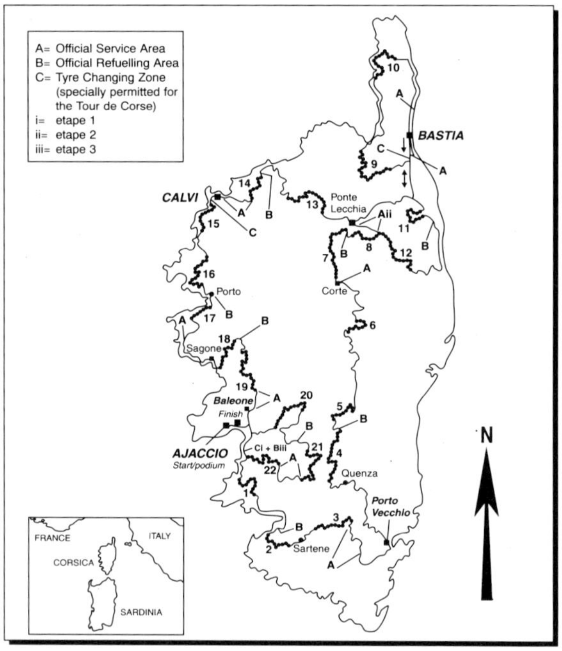

RESULTADOS FINAIS DO CAMPEONATO MUNDIAL DE MARCAS DE 2 LITROS

Largaram: 44, **Terminaram:** 25.
Média do vencedor: 89,99km/h. Líderes: Ragnotti, PC1/PC11; Ragnotti e Bugalski, PC12; Bugalski, PC13/PC22.

Melhores tempos: Bugalski, 18 PCs; Ragnotti, 4 PCs. **Campeonato de Marcas:** Renault, 153; Peugeot, 137; Opel, 136; Citroën, 41, Nissan, 37; Daewoo, 35; Skoda e Fiat, 33; SEAT, 25; Ford, 21; VW, 17; Suzuki, 7.

RESULTADOS FINAIS

Cl.	Piloto/Co-Piloto	Nac.	Nº	Carro	Grupo	Tempo
1º	Phillipe Bugalski/Jean-Paul Chiaroni	F	21	Renault Clio Maxi	A	5h.20m.25s.*
2º	Jean Ragnotti/Gilles Thimonier	F	17	Renault Clio Maxi	A	5h.27m.15s.*
3º	Gilles + Herve Panizzi	F	27	Peugeot 306S16	A	5h.28m.22s.*
4º	Fabian Doelen/Herve Sauvage	F	25	Peugeot 306S16	A	5h.28m.41s.*
5º	Freddy Loix/Sven Smeets	B	23	Opel Astra GSi	A	5h.32m.58s.*

** Pilotos que pontuaram para o Mundial de Marcas*

42nd ACROPOLIS RALLY - Campeonato de 2 Litros

6ª Prova - 28/30.05.95
Percurso: 1ª etapa - Athens/Kouros/Kamena Vourla: 436,61km - 10PC (152,24km) terra; 2ª etapa - Kamena Vourla/Platistomo/Kamena Vourla: 400,16km - 8PC (158,03km) terra; 3ª etapa - Kamena Vourla/Aspra Spitia/Pireaus: 483,95km 7PC (144,56km) terra. **Total:** 1320,70km - 25PCs (454,83km).
Média do vencedor: 68,69km/h; 68,15km/h (Campeonato de 2 litros).
Condições atmosféricas: Tempo quente e seco.

Largaram: 79, 53 (campeonato de 2 litros); **Terminaram:** 36, 25 (campeonato de 2 litros).
Líderes: Biasion, PC1; Biasion e Kirkos, PC2; Kirkos, PC3; Biasion, PC4/PC15; Kirkos, PC15/PC19; Vovos, PC20/PC25.
Lideres Campeonato de 2 litros: Loix, PC1; 'Leodinas', PC2; 'Stratissino',PC3; Triner, PC4/PC6; Weber, PC7/PC25.
Campeonato de 2 litros: Marcas: Opel, 165; Renault, 153; Peugeot, 148; SEAT, 89; Nissan, 62, Skoda, 54; Citroën, 41; Daewoo, 35;Fiat, 33; Ford, 21; VW, 15.

CLASSIFICAÇÃO FINAL

Cl.	Piloto/Co-Piloto	Nac.	Nº	Carro	Grupo	Tempo
-	Aris Vovos/Kostas Stefanis	GR	11	Lancia HF Integrale	A	6h.37m.19s.
-	Rudi Stohl/Peter Muller	A	8	Audi Coupé S2	A	6h.40m.20s.
1º	Erwin Weber/Manfred Hiemer	D	4	SEAT Ibiza GTI	A	6h.40m.28s.*
2º	António Rius/Manuel Casanova	E	6	SEAT Ibiza GTI	A	6h.43m.28s.*
3º	'Startissino'/Tonia Pavli	GR	14	Nissan Sunny GTI	A	6h.48m.30s*
-	Pavlos Moushoutis/Nikos Mouzakis	GR	20	Mazda 323 GT-R	N	6h.51m.48s.
4º	Pavel Sibera/Petr Gross	CZ	5	Skoda Felicia Kit Car 1500	A	6h.58m.15s.*
5º	Freddy Loix/Sven Smeets	B	9	Opel Astra GSi	A	7h.12m.56s.*
6º	Panagiotis Giagnissis/Panagiotis Kofidis	GR	23	Toyota Starlet EP81	A	7h.20m.59s.*

** Pilotos que pontuaram para o Mundial de Marcas.*

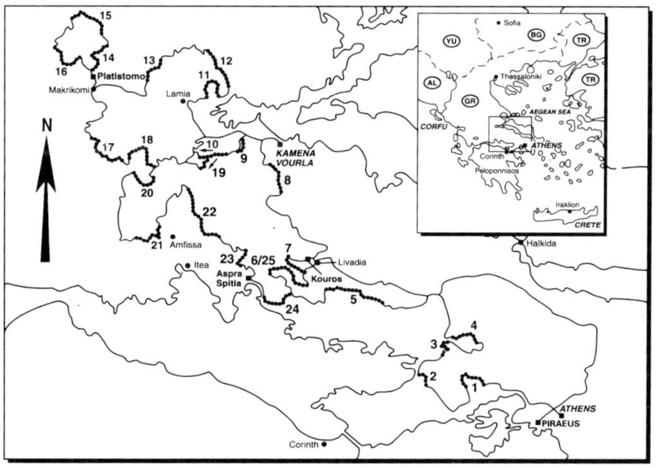

Mapa de localização geográfica do Rali da Acrópole

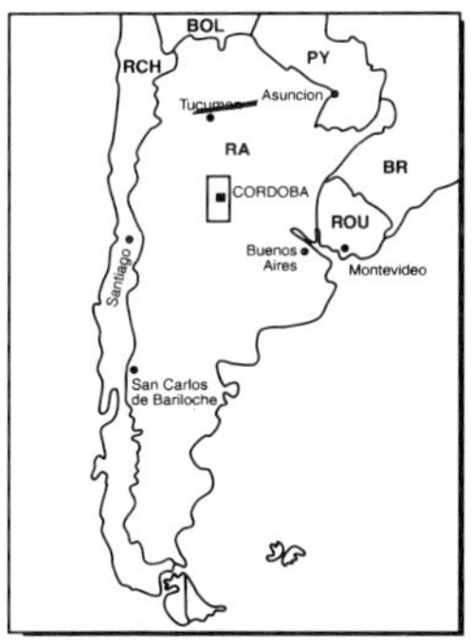

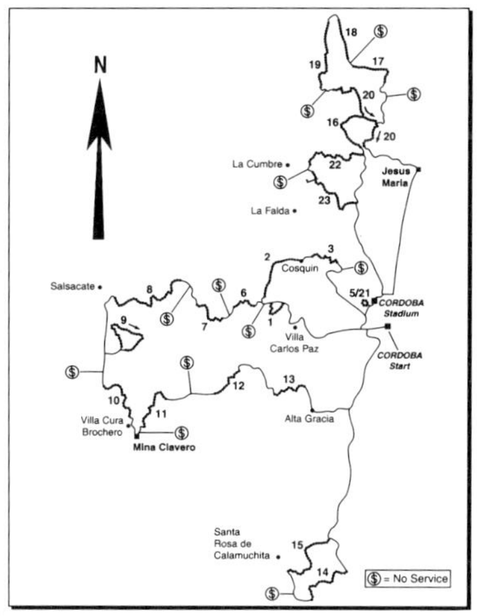

Mapa de localização geográfica do Rali da Argentina

15th ARGENTINA RALLY - Campeonato de 2 Litros

7ª Prova - 6/8.07.95
Percurso: 1ª etapa - Cordoba/Cordoba: 120,24km - 4PC (55,43km) terra; 2ª etapa - Cordoba/Mina Clavero/Cordoba: 545,,53km - 10PC (209,86km) terra; 3ª etapa - Cordoba/Jesus Maria/Cordoba: 453,24km 8PC (177,22km) terra. **Total:** 1129,01km - 22PCs (442,51km). PC4 cancelada antes da largada.
Média do vencedor: 82,41km/h; 78,21km/h (Campeonato de 2 litros).
Condições atmosféricas: Tempo quente e seco.

Largaram: 47, 43 (campeonato de 2 litros); **Terminaram:** 17, 14 (campeonato de 2 litros).
Líderes: Recalde, PC1/PC23.
Lideres campeonato de 2 litros: G. Raies, PC1/PC2; Bescham, PC3/PC7; Sibera, PC8/PC23.
Campeonato de 2 litros: Marcas: Renault, 175; Peugeot, 169; Opel, 165; Skoda, 114; SEAT, 89; Nissan, 62; Renault Argentina, 45; Citroën, 41; Daewoo, 35; Fiat, 33; Suzuki, 31; Toyota, 28; Ford, 21; VW e Fiat Argentina, 15.

CLASSIFICAÇÃO FINAL

Cl.	Piloto/Co-Piloto	Nac.	Nº	Carro	Grupo	Tempo
-	Jorge Recalde/Martin Christie	RA	5	Lancia HF Integrale	A	5h.22m.11s.
-	Gustavo Trelles/Jorge Del Buono	ROU/RA	4	Lancia HF Integrale	A	5h.31m.44s.
-	Marco Galanti/Victor Zuchini	PY/RA	3	Toyota Celica Turbo	A	5h.37m.50s.
1º	Pavel Sibera/Petr Gross	CZ	2	Skoda Felicia Kit Car 1500	A	5h.39m.30s.*
2º	Miguel Torras/Edgardo Gatt	RA	32	Renault 18GTX	A	5h.57m.58s.*
3º	Emil triner/Pavel Stanc	CZ	1	Skoda Felicia Kit Car 1500	A	6h.00m.18s*
4º	Raul Sufan/Daniel Rama	RA	10	Peugeot 405Mi16	A	6h.07m.48s.*
5º	Stefan Reininger/Robert Csosz	A	18	Renault Clio Williams	N	6h.17m.46s.*
6º	Luis Oxoteguy/Martin Olhaberry	RA	12	Renault 18GTX	A	6h.18m.32s.*

** Pilotos que pontuaram para o Mundial de Marcas.*

25th RALLY NEW ZELAND

8ª Prova - 27/30.07.95

Percurso: 1ª etapa - Manukau City/Totora Park/Mangere: 286,86km - 6PC (73,09km) terra; 2ª etapa - Mangere/Te Kuiti/ Pio Pio/Rotorua: 669,28km - 9PC (138,49km) terra; 3ª etapa - Rotorua/Matawi/Matawi/Opotiki/Rotorua: 579,04km 8PC (181,13km) terra; 4ª etapa - Rotorua/Otorohanga/Manukau City: 533,91km 7PC (106,24km) terra.Total: 2069,10km - 30PC (498,95km). PC16/PC17, canceladas antes da largada; PC22 cancelada - estrada intrasitável.

Média do vencedor: 89,87km/h.

Condições atmosféricas: Tempo quase sempre seco e muitos pisos enlameados. 4 PCs noturnas.

Largaram: 86; **Terminaram:** 56.

Líderes: Schwarz, PC1; Auriol, PC2; Auriol e Schwarz, PC3; Makinen, PC4/PC9; McRae, PC10/PC33.

Campeonatos: Marcas: Toyota, 217; Mitsubishi, 199; Subaru, 193; Ford, 169. Pilotos: Auriol, 51; Sainz e Kankkunen; 50; McRae, 40; Delecour, 36; Makinen e Eriksson, 28, Schwarz, 22; Thiry, 20; Aghini, 18. **Grupo N:** Madeira, 43; Recalde, 30; Holderied, 27; Camandona e Backlund, 13; Walfridsson, 10. **Taça do MundoFeminina:** Holderied, 32.

CLASSIFICAÇÃO FINAL

Cl.	Piloto/Co-Piloto	Nac.	Nº	Carro	Grupo	Tempo
1º	Colin McRae/Derek Ringer	GB	4	Subaru Impreza 555	A	5h.33m.06s.
2º	Didier Auriol/Denis Giraudet	F	1	Toyota Celica GT-Four	A	5h.33m.50s.
3º	Juha Kankkunen/Nicky Grist	Fin/GB	2	Toyota Celica GT-Four	A	5h.34m.15s.
4º	Armin Schwarz/Klaus Wicha	D	3	Toyota Celica GT-Four	A	5h.34m.51s.
5º	Kenneth Eriksson/Stefan Parmander	S	10	Mitsubishi Lancer Evolution III	A	5h.35m.38s.
6º	Francois Delecour/Catherine Francois	F	7	Ford escort RS Cosworth	A	5h.37m.30s.
7º	Possum Bourn/Tony Sircombe	NZ	6	Subaru Impreza 555	A	5h.42m.01s.
8º	Neil Allport/Craig Vicent	NZ	11	Ford Escort RS Cosworth	A	5h.54m.47s.
9º	Jorge Recalde/Martin Christie	RA	18	Mitsubishi Lancer Evolution II	N	5h.57m.45s.
10º	Rui Madeira/Nuno Silva	P	17	Mitsubishi Lancer Evolution II	N	5h.58m.16s.
11º	Ed Ordynski/Mark Stacey	AUS	12	Mitsubishi Lancer Evolution III	N	5h.58m.49s.
28º	Vanessa Slee/Samantha Haldane	NZ	53	Subaru Impreza WRX-RA	N	6h.23m.55s.**
29º	David + Jane Black	NZ	60	Toyota Corolla GT	A	6h.26m.33s.*

* *Vencedor do Campeonato de 2 litros* ** *Vencedora da classificação feminina*

PCs: OS MAIS RÁPIDOS

	1ª	2ª	3ª	4ª	5ª	6ª
Auriol	10	10	1	-	4	2
McRae	10	6	2	1	3	2
Schwarz	5	4	8	4	2	6
Makinen	5	-	-	-	1	1
Kankkunen	4	7	3	11	2	1
Eriksson	2	6	2	6	7	4
Delecour	2	4	6	2	6	3
Buens	-	2	2	-	2	4
Thiry	-	2	2	-	1	-

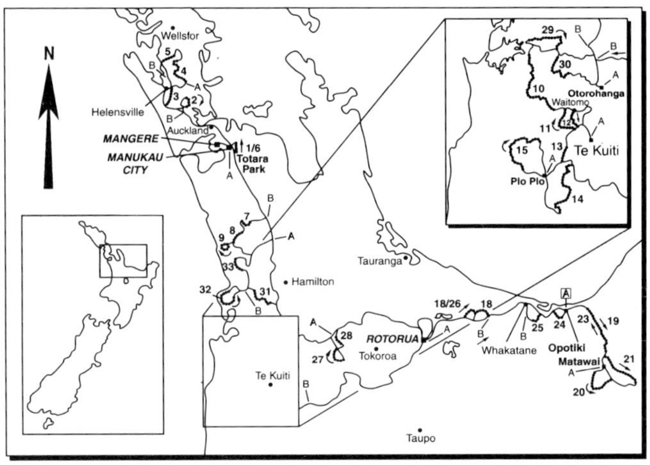

VENCEDORES ANTERIORES

1985	T. Salonen/S. Harjane	Peugeot 205 Turbo 16
1986	J. Kankkunen/J. Pironen	Peugeot 205 Turbo 16E2
1987	F. Wittman/J. Patermann	Lancia Delta HF 4WD
1988	J. Haider/F. Hinterleitner	Opel Kadett GSi
1989	Ingvar+Per Carlsson	Mazda 323 4WD
1990	C.Sainz/L.Moya	Toyota Celica GT-Four
1991	C.Sainz/L.Moya	Toyota Celica GT-Four
1992	C.Sainz/L.Moya	Toyota Celica Turbo 4WD
1993	C. McRae/D. Ringer	Subaru Legacy 4WD
1994	C. McRae/D. Ringer	Subaru Impreza 555

RESULTADOS FINAIS DO CAMPEONATO MUNDIAL DE MARCAS DE 2 LITROS

Largaram: 16; **Terminaram:** 11.

Média do vencedor: 77,45km/h.

Líderes: Hynes e Tajima, PC1; Tajima, PC2/PC8; Black, PC9/PC33.

Melhores tempos: Tajima, 19 PCs; Black, 4 PCs; Marshall, 4 PCs; Buist, 3 PCs; Hynes, 1 PCs.

Campeonato de Marcas: Peugeot, 212; Renault, 175; Opel, 165; Skoda, 114; SEAT, 89; Suzuki, 75; Toyota, 63; Nissan, 62; Renault RA, 45; Citroën, 41; Daewoo e Honda, 35; Fiat, 33; Ford, 21; Daihatsu, 20; VW e Fiat RA, 15; Mitsubishi, 13.

CLASSIFICAÇÃO FINAL

Cl.	Piloto/Co-Piloto	Nac.	Nº	Carro	Grupo	Tempo
1º	David + Jane Black	NZ	60	Toyota Corolla GT	A	6h.26m.33s.
2º	Nobuhiro Tajima/Ross Runnalls	J/AUS	34	Suzuki Swift GTI	A	6h.27m.34s.
3º	Craig Marshall/Scott Vaugham	NZ	64	Peugeot 306S16	A	6h.37m.59s.
4º	Haruhiko Kageyama/Stuart Roberts	J/NZ	66	Honda Civic GTI	A	6h.39m.03s.
5º	Malcolm Stewart/Mike Fletcher	NZ	69	Peugeot 106 Rallye	A	6h.46m.09s.

45th NESTE 1000 LAKES RALLY - Campeonato de 2 Litros

9ª Prova - 25/27.08.95

Percurso: 1ª etapa - Laajavuori/Karkaala/Laajavuori: 529,28km - 14PC (187,35km) terra; 2ª etapa - Laajavuori/Valkeakoski/Himos/Laajavouri: 660,72km - 12PC (242,07km) terra; 3ª etapa - Laajavuori/Laajavuori: 348,80km 5PC (100,12km) terra. Total: 1538,80km - 31PCs (529,54km). PC16 cancelada após acidente.

Média do vencedor: 114,12km/h; 106,23km/h (Campeonato de 2 litros).

Condições atmosféricas: Tempo misto.

Largaram: 83, 43 (campeonato de 2 litros); **Terminaram:** 54, 31 (campeonato de 2 litros).

Líderes: Makinen, PC1/PC32.

Lideres campeonato de 2 litros: Mokkonen, PC1/PC4; Svan, PC5/PC8; Rovanpera, PC9/PC13; Rovanpera e Kytilehto, PC14; Kytolehto.

Campeonato de 2 litros: Marcas: Opel, 229; Peugeot, 221; Renaulr, 188; Skoda, 153; SEAR, 115; Nissan, 87; Suzuki, 75; Toyota, 63; Renault RA, 45; Citroën, 44; Daewoo e Honda, 35; Fiat, 33; VW, 32; Ford, 21; Daihatsu, 20; Fiat RA, 15; Mitsubishi, 13.

CLASSIFICAÇÃO FINAL

Cl.	Piloto/Co-Piloto	Nac.	Nº	Carro	Grupo	Tempo
-	Tommi Makinen/Seppo Harjanne	FIN	1	Mitsubishi Lancer Evolution III	A	4h.38m.25s.
-	Marcus Gronholm/Timo Rautiainen	FIN	9	Toyota Celica Turbo 4WD	A	4h.47m.56s.
1º	Jarmo Kytolehto/Arto Kapanen	FIN	11	Opel Astra GSi	A	4h.59m.06s*.
2º	Per Svan/Johan Olsson	S	7	Opel Astra GSi	A	5h.00m.08s.*
3º	Alister McRae/David Senior	GB	8	Nissan Sunny GTI	A	5h.03m.13s.*
-	Mika Korhonen/Launo Heinonen	FIN	14	Mitsubishi Lancer Evolution II	N	5h.05m.53s
4º	Pavel Sibera//Petr Gross	CZ	4	Skoda Felicia Kit Car 1500	A	5h.15m.57s.*
5º	Emil Triner/Pavel Stanc	CZ	15	Skoda Felicia Kit Car 1500	A	5h.16m.38s.*
6º	Erwin Weber/Manfred Hiemer	D	12	SEAT Ibiza GTI	A	5h.20m.14s.*
7º	Jonas Kruse/Anders Dawidson	S	50	Renault Clio Williams	A	5h.20m.51s.*
8º	AntónioRius/Manuel Casanova	E	20	SEAT Ibiza GTI	A	5h.22m.53s.*

** Pilotos que pontuaram para o Mundial de Marcas.*

VENCEDORES ANTERIORES

1985	T. Salonen/S. Harjane	Peugeot 205 Turbo
1986	T. Salonen/S. Harjane	Peugeot 205 Turbo
1987	M. Alen/I. Kivimaki	Lancia Delta HF 4WD
1988	M. Alen/I. Kivimaki	Lancia Delta Integrale
1989	M. Eriksson/C. Bilstam	Mitsubishi Galant
1990	C.Sainz/L.Moya	Toyota Celica GT-Four
1991	J. Kankkunen/J.Pironen	Lancia Delta Integrale
1992	D. Auriol/B. Occelli	Lancia HF Integrale
1993	J. Kamkkunen/D. Giraudet	Toyota Celica Turbo 4WD
1994	T. Makinen/S. Harjanne	Ford Escort RS Cosworth

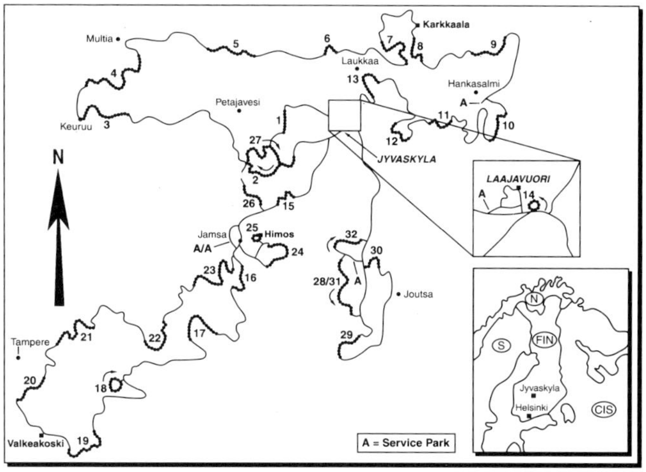

8th TELSTRA RALLY AUSTRALIA

10ª Prova - 15/18.09.95
Percurso: 1ª etapa - Langley Park, Perth/Langley Park/Collie/North Dandalup/Langley Park: 743,38km - 13PC (206,65km) terra; 2ª etapa - Langley Park/Bunnigs/Langley Park/ Langley Park:468,56km - 8PC (178,99km) terra; 3ª etapa - Langley Park/York/Langley Park/Forrest Place, Perth: 409,30km 9PC (118,24km) terra.**Total:** 1621,24km - 30PC (503,88km).
Média do vencedor: 102,84km/h.
Condições atmosféricas: Tempo quente e seco. 3 PCs nocturnas.
Largaram: 94; **Terminaram:** 47.

Líderes: Auriol, PC1/PC3; Kamkkunen, PC4/PC14; Eriksson, PC15; Eriksson e McRae, PC16; Eriksson, PC17/PC18; McRae, PC19; McRae e Erikssom, PC20/PC21; Eriksson, PC22/PC30.
Campeonatos: Marcas: Toyota, 260; Mitsubishi, 255; Subaru, 222; Ford, 184. **Pilotos:** Kankkunen, 62; McRae, 55; Auriol, 51; Sainz, 50; Eriksson, 48; Makinen, 38; Delecour, 36; Schwarz, 30; Thiry, 26; Aghini, 18.
Grupo N: Madeira, 43; Recalde, 40; Holderied, 27; Ordynski, 20; Kamioka, 12; (Camandona e Backlund deixam de ser elegiveis para o Grupo N).
Taça do Mundo Feminina: Holderied, 41.

CLASSIFICAÇÃO FINAL

Cl.	Piloto/Co-Piloto	Nac.	Nº	Carro	Grupo	Tempo
1º	Kenneth Eriksson/Steffan Parmander	S	10	Mitsubishi Lancer Evolution III	A	4h.53m.59s.
2º	Colin McRae/Derek Ringer	GB	4	Subaru Impreza 555	A	4h.54m.18s.
3º	Juha Kankkunen/Nicky Grist	Fin/GB	2	Toyota Celica GT-Four	A	4h.55m.54s.
4º	Tommi Makinen//Seppo Harjanne	FIN	11	Mitsubishi Lancer Evolution III	A	4h.57m.26s.
5º	Armin Schwarz/Klaus Wicha	D	3	Toyota Celica GT-Four	A	4h.58m.10s.
6º	Bruno Thiry/Stefane Prevot	B	8	Ford escort RS Cosworth	A	5h.10m.51s.
7º	Yoshio Fujimoto/Arne Hertz	J/S	14	Toyota Celica GT-Four	A	5h.16m.36s.
8º	Ed Ordinski/Mark Stacey	AUS	12	Mitsubishi Lancer Evolution III	N	5h.21m.05s.
9º	Neal Bates/Coral Taylor	AUS	16	Toyota Celica GT-Four	A	5h.24m.41s.
10º	Jorge Recalde/Martin Christie	RA	15	Mitsubishi Lancer Evolution II	N	5h.25m.53s.
19º	Isolde Holderied/Tina Thorner	D/S	19	Mitsubishi Lancer Evolution II	N	5h.42m.35s.**
22º	Nobuhiro Tajima/Ross Runalls	J/AUS	39	Suzuki Swift GTI	A	5h.48m.03s.*

** Vencedor do Campeonato de 2 litros ** Vencedora da classificação feminina*

PCs: OS MAIS RÁPIDOS

	1ª	2ª	3ª	4ª	5ª	6ª
Auriol	10	10	1	-	4	2
McRae	10	6	2	1	3	2
Schwarz	5	4	8	4	2	6
Makinen	5	-	-	-	1	1
Kankkunen	4	7	3	11	2	1
Eriksson	2	6	2	6	7	4
Delecour	2	4	6	2	6	3
Buens	-	2	2	-	2	4
Thiry	-	2	2	-	1	-

VENCEDORES ANTERIORES

1985	T. Salonen/S. Harjane	Peugeot 205 Turbo 16
1986	J. Kankkunen/J. Pironen	Peugeot 205 Turbo 16E2
1987	F. Wittman/J. Patermann	Lancia Delta HF 4WD
1988	J. Haider/F. Hinterleitner	Opel Kadett GSi
1989	Ingvar+Per Carlsson	Mazda 323 4WD
1990	C.Sainz/L.Moya	Toyota Celica GT-Four
1991	C.Sainz/L.Moya	Toyota Celica GT-Four
1992	C.Sainz/L.Moya	Toyota Celica Turbo 4WD
1993	C. McRae/D. Ringer	Subaru Legacy 4WD
1994	C. McRae/D. Ringer	Subaru Impreza 555

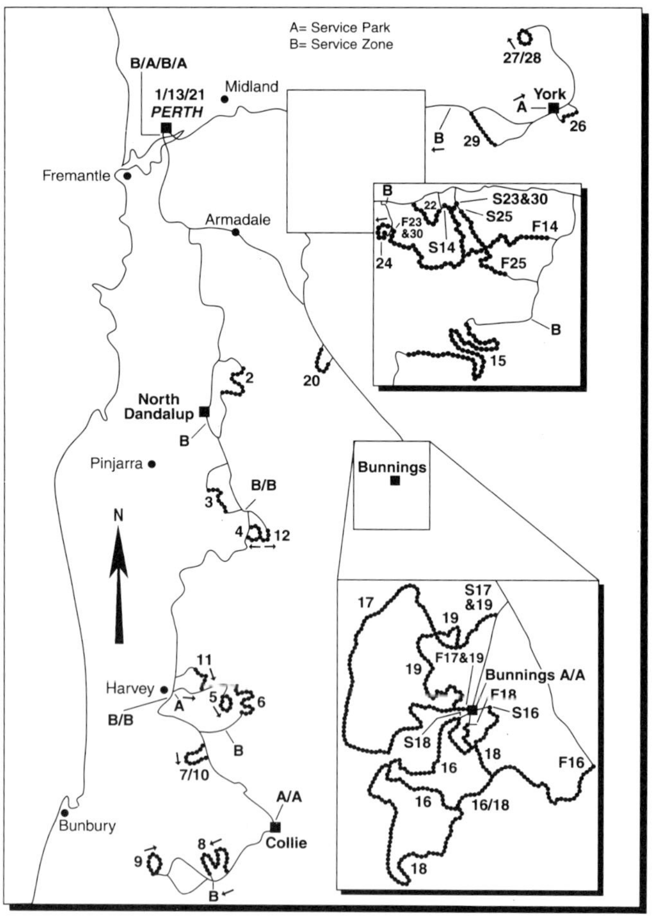

37th RALLYE SAN REMO - RALLYE D'ITALIA - Camp. 2 L

11ª Prova - 8/11.10.95

Percurso: 1ª etapa - SanRemo/Arezzo/Gubbio/SanRemo: 970,25km - 8PC (215,06km) terra; 2ª etapa - SanRemo/Nava/SanRemo: 449,75km - 10PC (146,27km) asfalto; 3ª etapa - SanRemo/Colle S. Bartolomeo/SanRemo: 329,67km 6PC (102,15km) asfalto.

Total: 1749,67km - 24PCs (463,48km).

Média do vencedor: 83,41km/h; 78,59km/h (Campeonato de 2 litros).

Condições atmosféricas: Tempo seco. 1 PC noturna.

Largaram: 70, 42 (campeonato de 2 litros); **Terminaram:** 36, 17 (campeonato de 2 litros).

Líderes: Longhi, PC1; Cunico, PC2/PC16; Liatti, PC17/PC24.

Lideres campeonato de 2 litros: Loix, PC1/PC13; Travaglia, PC14/PC17; Deila, PC18/PC21; Loix, PC22/PC24.

Campeonato de 2 litros: Marcas: Opel, 286(não elegível para o título); Peugeot, 257; Renault (F), 227; Skoda, 174; SEAT, 115; Nissan, 87; Suzuki, 75; Toyota, 63; Fiat, 55; Renault (RA), 45; Citroën, 44; Daewoo e Honda, 35; VW, 32; Ford, 21; Daihatsu, 20; Fiat (RA), 15; Mitsubishi, 13.

Peugeot: Campeã Mundial de Marcas - 2 litros

CLASSIFICAÇÃO FINAL

Cl.	Piloto/Co-Piloto	Nac.	Nº	Carro	Grupo	Tempo
-	Piero Liatti/Alex Alessandrini	I	6	Subaru Impreza 555	A	5h.33m.25s.
-	Andreia Dallavilla/Danilo Fapani	I	20	Toyota Celica GT-Four	A	5h.34m.45s.
-	Gianfranco Cunico/Stefano Evangelisti	I	5	Ford escort RS Cosworth	A	5h.37m.53s.
-	MIki Biasion/Tiziano Siviero	I	7	Subaru Impreza 555	A	5h.38m.55s.
1º	Freddy Loix/Sven Smeets	B	14	Opel astra GSi	A	5h.53m.51s.*
2º	Paolo Andreucci/Simona Fedeli	I	11	Peugeot 306S16	A	6h.00m.51s.*
3º	Piergiorgio Deila/Pierangelo Scalvini	I	9	Renault Clio Williams	A	6h.01m.54s*
4ª	Emil Triner/Pavel Stanc	CZ	12	Skoda Felicia Kit Car 1500	A	6h.10m.34s.*
-	Johann Schachinger/Reinhart Kaufmann	A	30	Mazda 323 4WD	N	6h.19m.38s.
5º	Michele Tagliani/Enrico Risso	I	51	Opel astra GSi	N	6h.26m.35s.*
6º	Valter Ballestrero/AnnalisaTarantino	I	83	Fiat Cinquecento Sporting	A	6h.30m.58s.*
7º	Eugenio Lozza/Antonella/Fiorendi	I	56	Opel astra GSi	N	6h.36m.31s.
8º	Demitri Brunello/Gianfranco Malinarich	I	77	Peugeot 106XSi	N	6h.37m.49s.*

** Pilotos que pontuaram para o Mundial de Marcas.*

VENCEDORES ANTERIORES

1985	W. Rohl/C. Geistorfer	Audi Sport Quattro SI
1986	M. Alen/I. Kivimaki	Lancia Delta S4
1987	M. Biasion/T. Siviero	Lancia Delta HF 4WD
1988	M. Biasion/T. Siviero	Lancia Delta Integrale
1989	M. Biasion/T. Siviero	Lancia Delta Integrale
1990	D. Auriol/B. Occelli	Lancia Delta Integrale
1991	D. Auriol/B. Occelli	Lancia Delta Integrale
1992	A. Aghini/S. Farnocchia	Lancia HF Integrale
1993	F. Cunico/S. Evangelisti	Ford Escort Cosworth
1994	D. Auriol/B. Occelli	Toyota Celica Turbo 4WD

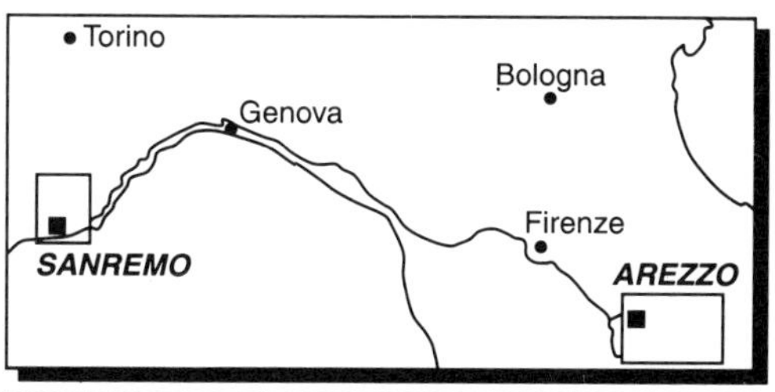

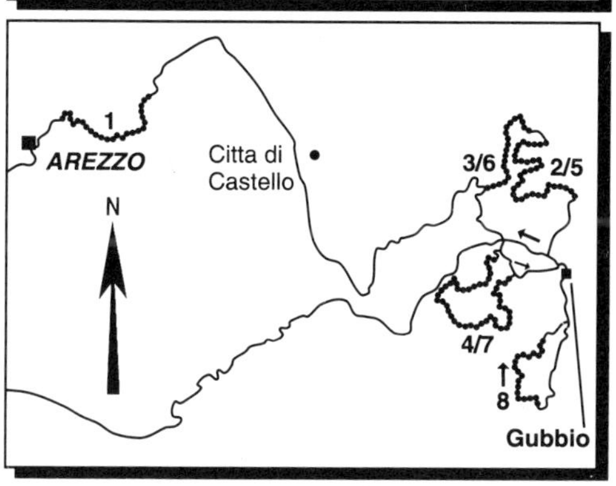

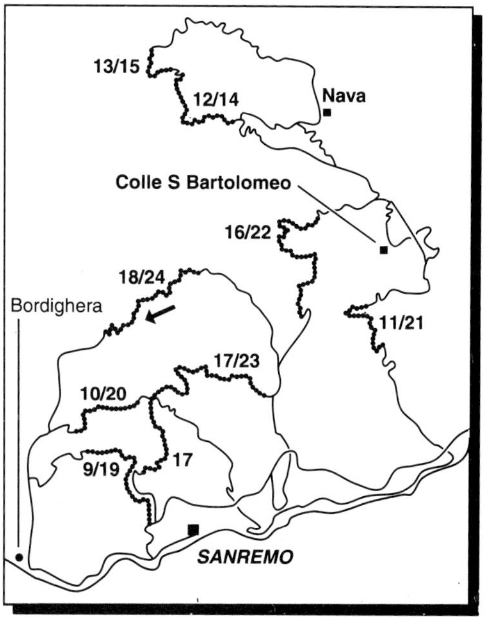

31st CATALUNYA - COSTA BRAVA

12ª Prova - 23/25.10.95

Percurso: 1ª etapa - Lloret de Mar/Circuit de Catalunha/ Lloret de Mar: 588,98km - 9PC (162,24km) asfalto; 2ª etapa - Lloret de Mar/Vinebre/Lloret de Mar: 700,69km - 8PC (187,47km) asfalto; 3ª etapa - Lloret de Mar/Lloret de Mar: 374, 04km 6PC (374,04km) asfalto. **Total:** 1663,7km - 23PC (474,35km).

Média do vencedor: 93,02km/h.

Condições atmosféricas: Tempo quase sempre seco e carregado de nuvens. 3 PCs noturnas.

Largaram: 81; **Terminaram:** 42.

Líderes: Schwarz, PC1; Kankkunen, PC2/PC15; Sainz, PC16/PC19; McRae, PC20/PC23; Sainz no fim.

Campeonatos: Marcas: Mitsubishi, 288; Subaru, 286; Toyota, 260; Ford, 205. **Pilotos:** McRae e Sainz, 70; Kankkunen, 62; Auriol, 51; Eriksson, 48; Delecour, 46; Makinen, 38; Schwarz, 30; Thiry e Aghini, 26. **Grupo N:** Madeira, 56; Recalde, 40; Holderied, 27; Ordynski, 20; Kamioka, 12. **Taça do Mundo Feminina:** Holderied, 41.

Rui Madeira (P) Campeão Mundial de Ralis Grupo N.

Isolde Holderied (D) Campeã Mundial de Ralis Feminina.

CLASSIFICAÇÃO FINAL

Cl.	Piloto/Co-Piloto	Nac.	Nº	Carro	Grupo	Tempo
1º	Carlos Sainz/Luis Moya	E	5	Subaru Impreza 555	A	5h.05m.58s.
2º	Colin McRae/Derek Ringer	GB	4	Subaru Impreza 555	A	5h.06m.49s.
3º	Piero Liatti/Alex Alessandrini	I	6	Subaru Impreza 555	A	5h.07m.56s.
4º	Francois Delecour/Catherine Francois	F	7	Ford escort RS Cosworth	A	5h.08m.38s.
5º	Andrea Aghini/Sauro Farnocchia	I	12	Mitsubishi Lancer Evolution III	A	5h.08m.52s.
6º	Gustavo Trelles/Jorge Del Buono	ROU/RA	16	Toyota Celica GT-Four	A	5h.11m.54s.
7º	Oriol Gomez/Marc Marti	E	19	Renault Clio Williams	A	5h.18m.01s.*
8º	Andreia Navarra/Renzo Casazza	E	22	Toyota Celica GT-Four	A	5h.18m.30s.
9º	Josep Bassas/Antonio Rodriguez	E	31	BMW M3	A	5h.28m.06s.
10º	Ivan Postel/Olivier Peytet	NL/F	29	Subaru Impreza 555	A	5h.32m.38s.
11º	Rui Madeira/Nuno Silva	P	14	Mitsubishi Lancer Evolution III	N	5h.33m.52s.

* *Vencedor do Campeonato de 2 litros*

PCs: OS MAIS RÁPIDOS

	1ª	2ª	3ª	4ª	5ª	6ª
Kankkunen	8	5	1	1	-	-
Sainz	6	2	4	8	1	2
McRae	5	4	8	3	1	1
Auriol	4	4	4	3	1	2
Schwarz	4	-	-	-	2	1
Aghini	1	-	-	2	3	5
Delecour	-	2	4	2	3	-
MNakinen	-	1	-	6	2	1
Navarra	-	1	-	-	2	2

VENCEDORES ANTERIORES

1988	B. Saby/J.F. Fauchille	Lancia Delta HF 4WD
1989	Y. Loubet/J.M. Andrie	Lancia Delta Integrale
1990	D. Cerrato/G. Cerri	Lancia Delta Integrale
1991	A. Schwarz/A Hertz	Toyota Celica GT-Four
1992	C.Sainz/L.Moya	Toyota Celica Turbo 4WD
1993	F. Delecour/D.Grataloup	Ford Escort RS Cosworth
1994	E. Bertone/M. Chiapponi	Toyota Celica Turbo 4WD

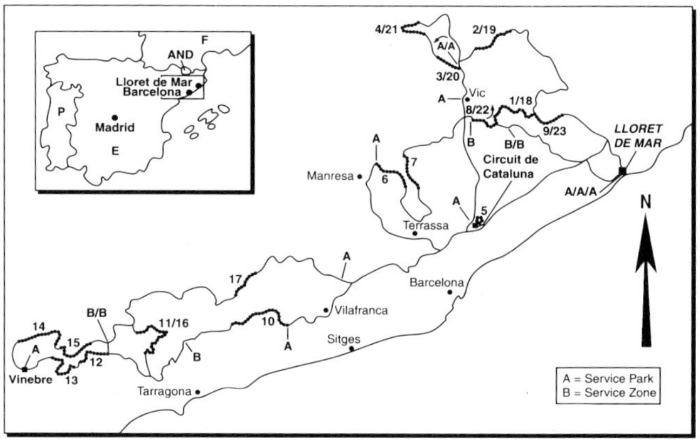

51st NETWORK Q RAC RALLY

13ª Prova - 19/22.11.95

Percurso: 1ª etapa - Chester/Leeds: 476,85km - 7PC (45,56km) misto; 2ª etapa - Leeds/ Chester: 794,41km - 7PC (190,61km) terra; 3ª etapa - Chester/Chester: 642,19km 7PC (172,03km) terra; 4ª etapa - Chester/Chester/Chester: 412,88km 7PC (102,67km) terra.**Total**: 2326,85km - 28PC (510,87km).

Média do vencedor: 99,10km/h.

Condições atmosféricas: Tempo algo húmido. 6 PCs noturnas.

Largaram: 176; **Terminaram**: 95.

Líderes: Sainz e Makinen, PC1; C. McRae, PC2; Eriksson, PC3; Makinen, PC4/PC7; C. McRae, PC8; Sainz, PC9/PC20; C. McRae, PC21/PC28.

Campeonatos: **Marcas**: Subaru, 350; Mitsubishi, 307; Ford, 223.

Subaru Campeã Mundial de Marcas.

Pilotos: C. McRae 90; Sainz, 85; Eriksson, 48; Delecour, 46; Makinen, 38; Thiry, 34; Aghini, 26; Liatti, 21; Burns, 16; A. McRae, 10. **Grupo N**: Madeira, 69; Recalde, 40; Holderied, 32; Kamioka, 22; Ordinski, 20. **Feminina**: Holderied, 50.

Colin McRae (GB) Campeão Mundial de Ralis (Grupo A).

CLASSIFICAÇÃO FINAL

Cl.	Piloto/Co-Piloto	Nac.	Nº	Carro	Grupo	Tempo
1º	Colin McRae/Derek Ringer	GB	4	Subaru Impreza 555	A	5h.09m.19s.
2º	Carlos Sainz/Luis Moya	E	5	Subaru Impreza 555	A	5h.09m.55s.
3º	Richard Burns/Robert Reid	GB	6	Subaru Impreza 555	A	5h.15m.58s.
4º	Alister McRae/Chris Wood	GB	44	Ford escort RS Cosworth	A	5h.20m.34s.
5º	Bruno Thiry/Stephane Prevot	B	8	Ford escort RS Cosworth	A	5h.21m.11s.
6º	Gwyndaf Evans/Howard Davies	GB	18	Ford Escort RS2000	A	5h.42m.07s.*
7º	Rui Madeira/Nuno Silva	P	12	Mitsubishi Lancer Evolution III	N	5h.44m.04s.
8º	Jarmo Kyoletho/Arto Kapanen	FIN	17	Nissan Sunny GTI	A	5h.45m.19s.
9º	Masao Kamioka/Kevin Gormley	J/GB	36	Subaru Impreza WRX-RA	N	5h.50m.21s.
10º	Alain Oreille/Jack Boyere	F	19	Renault Clio Maxi	A	5h.50m.40s.
11º	Isolde Holderied/Tina Thorner	D/S	26	Mitsubishi Lancer Evolution III	N	5h.57m.26s.**

** Vencedor do Campeonato de 2 litros ** Vencedora da classificação feminina*

PCs: OS MAIS RÁPIDOS

	1ª	2ª	3ª	4ª	5ª	6ª
C. McRae	18	5	4	-	-	1
Sainz	5	15	5	1	2	-
Makinen	5	2	-	-	-	-
Eriksson	2	5	5	3	1	-
Burns	-	2	9	6	8	1
Thiry	-	1	2	11	8	4
A. McRae	-	-	2	4	6	9
Wilson	-	-	-	1	1	2
de Mevius	-	-	-	-	1	-

VENCEDORES ANTERIORES

1985	H. Toivonen/N. Wilson	Lancia Delta S4
1986	T. Salonen/S. Harjane	Peugeot 205 Turbo 16E2
1987	J. Kankkunen/J. Pironen	Lancia Delta HF 4WD
1988	M. Alen/I. Kivimaki	Lancia Delta Integrale
1989	P. Airikkala/R. McNamee	Mitsubishi Galant VR-4
1990	C.Sainz/L.Moya	Toyota Celica GT-Four
1991	J.Kankkunen/J. Pironen	Lancia Delta Integrale
1992	C.Sainz/L.Moya	Toyota Celica Turbo 4WD
1993	J. Kankkunen/N. Grist	Toyota Celica Turbo 4WD
1994	C. McRae/D. Ringer	Subaru Impreza 555

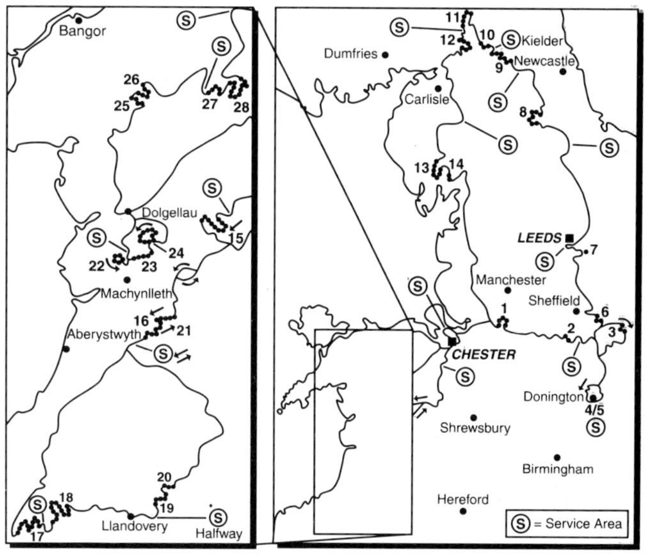

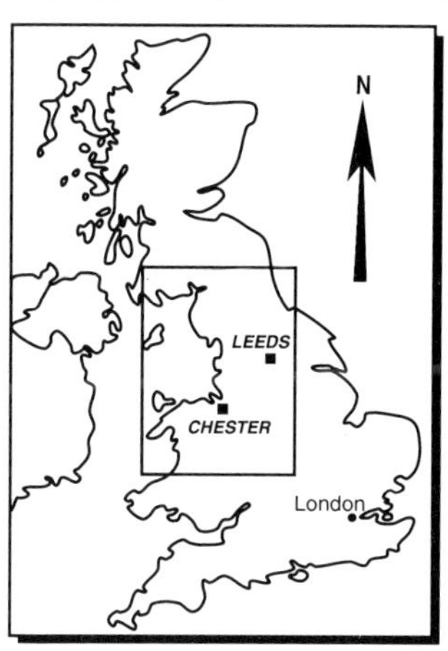

Classificação final do Campeonato Mundial de Construtores1995

		Monte-Carlo MC	Suécia S	Portugal P	Corsega F	Nova Zelândia NZ	Austrália AUS	Catalunha E	RAC GB	Total
1	Subaru	46	-	60	39	48	29	64	64	350
2	Mitsubishi	36	64	32	36	31	56	33	19	307
3	Ford	47	28	26	42	26	15	21	18	223

Nota: Pontuação da Toyota anulada pelo Conselho Mundial de 3 de Novembro

Classificação final do Campeonato Mundial de Pilotos 1995

		MC	S	P	F	NZ	AUS	E	GB	
1	Colin McRae (GB)	-	-	12	8	20	15	15	20	90
2	Calos Sainz (E)	20	-	20	10	.	.	20	15	85
3	Kenneth Eriksson (S)	-	20	-	-	8	20	-	-	48
4	Francois Delecour (F)	15	-	-	15	6	-	10	-	46
5	Tommi Makinen (FIN)	10	15	-	3	-	10	-	-	38
6	Bruno Thiry (B)	8	6	6	-	-	6	-	8	34
7	Andrea Aghini (I)	6	-	-	12	-	-	8	-	26
8	Piero Liatti (I)	3	-	-	6	-	-	12	-	21
9	Richard Burns (GB)	-	-	4	-	-	-	-	12	16
10	Alister McRae (GB)	-	-	-	-	-	-	-	10	10
11	Rui Madeira (P)	-	-	2	-	1	-	1	4	8
12	Gustavo Trelles (ROU)	-	-	-	-	-	-	6	-	6
12	Gwyndaf Evans (GB)	-	-	-	-	-	-	-	6	6
14	Jean Ragnotti (F)	4	-	-	-	-	-	-	-	4
14	Stig Blomqvist (S)	-	4	-	-	-	-	-	-	4
14	Patrick Bernardini (I)	-	-	-	4	-	-	-	-	4
14	Possum Bourne (NZ)	-	-	-	-	4	-	-	-	4
14	Oriol Gomez (E)	-	-	-	-	-	-	4	-	4
14	Jorge Recalde (RA)	-	-	1	-	2	1	-	-	4

Nota: (1)Kankkunen, Auriol, Schwarz, Radstrom e Fujimoto viram a sua pontuação ser anulada pelo Conselho Mundial de 3 de Novembro.
(2) **Pilotos que também pontuaram:** Tomas Jansson (S), Alex Fiorio (I), Neil Allport (NZ), Ed Ordynski (AUS), Andrea Navarra (I) e Jarma Kytolehto (FIN) 3; Philippe Camandona (CH), Philippe Bugalski (F), Neal Bates (AUS), Josep Bassas (E) e Massao Kamioka (J) 2;
Isolde Holderied (D), Kenneth Backlund (S), Ivan Postel (NL) e Alain Oreille (F) 1.

Classificação final da Taça FIA - Pilotos (Grupo N) 1995

		MC	S	P	F	NZ	AUS	E	GB	
1	Rui Madeira (P)	7	-	13	13	10	P	13	13	69
2	Jorge Recalde (RA)	-	-	10	7	13	10	P	-	40
3	Isolde Holderied (D)	10	-	7	10	P	-	P	5	32
4	Massao Kamioka (J)	-	-	5	-	P	7	-	10	22
5	Ed Ordynski (AUS)	-	-	-	-	7	13	-	-	20
6	Karamjit Singh (MAL)	-	-	-	-	3	4	-	3	10
7	Mohamed Bin Sulayem (UAE)	-	2	P	5	P	P	-	-	7
7	Yoshihiro Kataoka (J)	-	-	-	-	P	-	-	7	7
9	Kiyoshi Inoue (J)	-	-	-	-	5	-	-	-	5
9	Michael Lieu (CDN)	-	-	-	-	-	5	-	-	5
11	Hideaki Miyoshi (J)	-	-	4	-	-	P	-	-	4
11	Hikaru Teshigawara (J)	-	-	-	-	4	-	-	-	4
11	Andrea Navarra (I)	-	-	3	-	P	1	-	-	4

Pilotos que também pontuaram: Martin Beckton (AUS) 3; Katshiko Tagushi (J) e David West (AUS) 2; Andrew Grant (AUS) 1.
P - Participou.

Classificação final da Taça FIA - Feminina 1995

		MC	S	P	F	NZ	AUS	E	GB	
1	Isolde Holderied (D)	11	-	10	11	P	9	p	9	50

P - Participou

Classificação final do Campeonato Mundial de Marcas de 2 litros 1995

		Monte-Carlo MC	Suécia S	Portugal P	Quénia K	Corsega F	Acropole G	Argentina RA	Nova Zelândia NZ	1000 Lagos FIN	San Remo SM	Total - 8 melhores resultados
-	Opel	25	64	29	-	18	29	-	-	64	57	286*
1	**Peugeot (Campeã)**	**28**	**(9)**	**54**	-	**46**	**11**	**21**	**43**	**9**	**45**	**266 (257)**
2	Renault	65	-	24	-	64	-	22	-	13	39	227
3	Skoda	-	33	-	-	-	21	60	-	39	21	174
-	SEAT	-	-	25	-	-	64	-	-	26	-	115
-	Nissan	18	-	19	-	-	25	-	-	25	-	87
4	Suzuki	-	7	-	-	-	-	24	44	-	-	75
5	Toyota	-	-	-	-	-	28	-	35	-	-	63
-	Fiat	20	-	9	-	4	-	-	-	-	22	55
6	Renault Argentina	-	-	-	-	-	-	45	-	-	-	45
-	Citroën	4	13	24	-	-	-	-	-	3	-	44
7	Daewoo	-	-	-	35	-	-	-	-	-	-	35
7	Honda	-	-	-	-	-	-	-	35	-	-	35
9	VW	2	13	-	-	-	-	-	-	17	-	32
-	Ford	-	21	-	-	-	-	-	-	-	-	21
10	Daihatsu	-	-	-	-	-	-	-	20	-	-	20
11	Fiat Argentina	-	-	-	-	-	-	15	-	-	-	15
12	Mitsubishi	-	-	-	-	-	-	-	13	-	-	13

* Não participou em provas fora da Europa, ficando assim impossibilitada de se sagrar Campeã Mundial

Em 1995, existiram novamente quatro campeonatos principais, como abaixo de descreve:

A - Campeonato Mundial de Ralis para Construtores
B - Campeonato Mundial de Pilotos. A Taça FIA Feminina é uma extensão deste campeonato (ver em baixo). Existe também um troféu para o navegador vencedor.
C - Campeonato Mundial de Marcas de 2 litros
D - Taça para Pilotos de Carros de Produção (Grupo N)

Este foi o segundo de três anos em que se aplicou o sistema de rotação de provas. As provas do Safari, Acrópole, Argentina, 1000 Lagos e SanRemo contaram apenas para a Taça de 2 litros, tendo sido no entanto garantida a sua inclusão no Campeonato de Construtores de 1996. As categorias A, B e D incluiam oito provas, cinco das quais se corriam em simultâneo com a categoria C. Passou a existir um novo sistema de pontuação para o Campeonato de Construtores e de Pilotos, enquanto os outros mantiveram o sistema de anos anteriores. Assim:

A+C - Baseia-se nos quinze primeiros classificados, com os pontos distribuidos deste modo... 25, 20, 17, 14, 12, 10, 9, 8, 7, 6, 5, 4, 3, 2 e 1 com suplemento de pontuação pela classificação no respectivo grupo... 10, 9, 8, 7, 6, 5, 4, 3, 2 e 1. No Mundial de Construtores apenas pontuam Construtores inscritos, tanto para o Mundial de Construtores (Grupo A) como para o Mundial de 2 litros os dois primeiros carros de cada construtorpontuam.
B - Baseia-se nos dez primeiros da classificação geral, com os pontos distribuidos deste modo... 20, 15, 12, 10, 8, 6, 4, 3, 2 e 1.
D - Baseia-se nos oito primeiros do grupo, com um suplemento para as três primeiras posições, baseado na cilindrada dos motores, deste modo... 10, 8, 6, 5, 4, 3, 2 e 1, mais 3, 2 e 1 para cilindradas abaixo dos 1300cc, entre os 1301cc e os 2000cc e acima dos 2000cc.

Algumas qualificações especiais aplicadas: A - Para pontuar para o suplemento do grupo é necessário classificar-se entre os quinze primeiros da geral.

Classificação: A - Terá de ter participado, quer dizer, inscrito e largado, e ter largado em todas as oito provas, contando todos os resultados. B - Os melhores resultados. C - O vencedor teve de tomar parte em pelo menos sete provas, incluindo uma fora da Europa, para ser classificado, contando os oito melhores resultados. D - Os sete melhores resultados e para ser classificado tem de competir numa prova fora da Europa.

Taça Feminina: Pontos - 9, 6, 4, 3, 2 e 1 com suplemento de 3, 2 e 1se terminar nas três primeiras posições da classe. O piloto tem de terminar entre os vinte primeiros, para pontuar. Para se classificar na serie as regras foram mudadas. A piloto tem de iniciar pelo menos seis provas, incluindo uma fora da Europa, e obter pelo menos 24 pontos para ser campeão.

Sistema de Inscrições: O sistema não foi mudado mas sim o objectivo. Em 1993 era para garantir que as equipas não entravam em mais de dez provas, em 1994 era para participarem pelo menos em nove e em 1995 tentava-se garantir que entrassem em todas.

1995, o protagonismo no Campeonato Europeu de Ralis voltou-se para o leste, 24 anos depois do polaco Sobieslav Zasada ter conquistado o título. Enrico Bertone ao volante de um Toyota de uma equipe checa sagrou-se campeão, superando o polaco Krzysztof Holowczyc que tripulou um carro idêntico. Enrico Bertone é um italiano que vive em Monte Carlo e partilha o seu desporto com um homem de negócios checo Roman Vasuky que o patrocina. A sua equipe alcançara o terceiro lugar no Campeonato checo de 1994 e depois ganhou o Rali da Catalunha desse ano.

A temporada de 1995 começou com o propósito da conquista do título checo, objectivo esse alcançado, e gradualmente o programa também se encaminhou em direcção ao Campeonato da Europa. Três vitórias consecutivas colocaram Enrico Bertone na liderança da categoria, a qual conseguiu manter até final.

Krzysztof Holowczyc, que militava na conceituada equipe Stomil de Olsztyn, sagrou-se campeão da Polónia mas começou a sua campanha no Campeonato da Europa demasiado tarde para poder incomodar Bertone.

O campeonato de 1995 constituiu um grande sucesso para a Toyota e representou um grande feito na temporada numa altura em que o seu destino no Campeonato do Mundo sofreu um forte revês. Piergiorgio Bedini, outro piloto italiano, que deu à Ford o título no Grupo N depois de se ter superiorizado no final a Antonello Fidanza, em Mitsubishi. O título europeu de Fórmula 2 sorriu ao

Rali	Arctic	Boucles de Spa	Finnskog Norway	Il Ciocco	Mille Miglia	Vauxhall Rally of Wales	El Corte Ingles	Circuit des Ardennes	Grasse Alpin	Hautes Fagnes	Olympion	Zlatni	Sicilia-Targa Florio	Saturnus	South Swedish	Rota do Sol	Perth Scottish	Polish	Alsace Vosges	Salento	Ina Delta	Romania	24 Heures d'Ypres	Hebros	Karkonoski	Azores	Deutschland	Bohemia
País	FIN	B	N	I	I	GB	E	B	F	B	GR	BG	I	SLO	S	P	GB	PL	F	I	HR	R	B	BG	PL	P	D	CZ
Coeficiente	5	5	10	2	5	2	20	5	5	2	5	20	5	2	5	10	5	20	5	2	10	5	20	10	2	5	20	5
Prova nº	1	2	3	4	5	6	7	8	9	10	11	12	13	14	15	16	17	18	19	20	21	22	23	24	25	26	27	28
Enrico Bertone (I)	-	-	-	-	-	-	120	-	-	-	-	400	-	-	-	-	-	400	-	-	-	-	-	-	-	-	400	100
Krzysztof Holowczyc (PL)	-	-	-	-	-	-	-	-	-	-	-	-	-	-	-	-	-	300	-	-	-	-	-	-	30	-	240	-
Piero Liatti (I)	-	-	-	(30)	75	-	-	-	-	-	-	-	100	-	-	-	-	-	-	(30)	-	-	-	-	-	-	-	-
Georgi Petrov (BG)	-	-	-	-	-	-	-	-	-	-	-	300	-	-	-	-	-	-	-	-	-	75	-	200	-	-	-	-
Bert De Jong (NL)	-	-	-	-	-	-	-	75	-	-	-	-	-	-	-	-	-	240	-	-	-	-	-	-	-	-	300	-
Erwin Doctor (NL)	-	-	-	-	-	-	-	-	-	-	-	-	-	-	-	-	-	-	-	-	-	-	-	-	-	-	-	-
Gianfranco Cunico (I)	-	-	-	(40)	100	-	-	-	-	-	-	-	75	-	-	-	-	-	-	(40)	-	-	-	-	-	-	-	-
Leonidas Kirkos (GR)	-	-	-	-	-	-	-	-	-	-	100	-	-	-	-	-	-	-	-	-	-	-	-	-	-	-	-	-
Renaud Verreydt (B)	-	60	-	-	-	-	-	-	-	-	-	-	-	-	-	-	-	-	-	-	-	-	400	-	-	-	-	-
Dieter Depping (D)	-	-	-	-	-	-	-	-	-	-	-	-	-	-	-	-	-	-	-	-	-	-	-	240	-	-	-	-
Piergiorgio Bedini (I)	-	-	-	-	-	-	-	-	-	-	-	240	-	-	-	-	-	60	-	-	-	-	-	-	-	-	-	-
Fabrizia Tabatan (I)	-	-	-	-	-	-	-	-	-	-	-	-	-	-	-	-	-	-	-	-	-	-	-	-	-	-	-	-
Pierro Longhi (I)	-	-	-	-	-	-	-	-	-	-	-	40	-	-	-	-	-	-	-	(16)	-	-	-	-	-	-	-	-
Jose Maria Ponce (E)	-	-	-	-	-	-	400	-	-	-	-	-	-	-	-	-	-	-	-	-	-	-	-	-	-	-	-	-
Aris Vovos (GR)	-	-	-	-	-	-	-	-	-	-	-	-	-	-	-	-	-	-	-	-	-	-	-	-	-	-	-	-
'Bagheera' (RL)	-	-	-	-	-	-	-	-	-	-	-	-	-	-	-	-	-	-	-	-	-	-	-	-	-	-	-	-
Cesar Baroni (F)	-	-	-	-	-	-	-	-	-	-	-	-	-	-	-	-	-	-	-	-	-	-	-	-	-	-	-	-
Jose Carlos Macedo (P)	-	-	-	-	-	-	-	-	-	-	-	-	-	-	-	-	-	-	-	-	-	-	-	-	-	60	-	-
Jesus Puras (E)	-	-	-	-	-	-	240	-	-	-	-	-	-	-	-	-	-	-	-	-	-	-	-	-	-	-	-	-
Marc Timmers (B)	-	-	-	-	-	-	-	-	-	40	-	-	-	-	-	-	-	-	-	-	-	-	40	-	-	-	-	-
Antonello Fidanza (I)	-	-	-	-	-	-	-	-	-	-	-	120	-	-	-	-	-	20	-	-	-	-	-	-	-	-	-	-
Gregorio Picar (E)	-	-	-	-	-	-	300	-	-	-	-	-	-	-	-	-	-	-	-	-	-	-	-	-	-	-	-	-
Paul Lietaer (B)	-	-	-	-	-	-	-	-	-	-	-	-	-	-	-	-	-	-	-	-	-	-	300	-	-	-	-	-
Gustavo Trelles (ROU)	-	-	-	-	-	-	-	-	-	-	-	-	-	-	-	-	-	-	-	-	-	-	-	-	-	-	-	-
Lenas Cleanthous (CY)	-	-	-	-	-	-	-	-	-	-	-	-	-	-	-	-	-	-	-	-	-	-	-	-	-	-	-	-
Markus Moufang (D)	-	-	-	-	-	-	-	-	-	-	-	-	-	-	-	-	-	-	-	-	-	-	-	-	-	-	160	-
Kurt Gottlicher (A)	-	-	-	-	-	-	80	-	-	-	-	-	-	-	-	-	-	120	-	-	-	-	-	-	-	-	-	-
'Stratissino' (GR)	-	-	-	-	-	-	-	-	-	-	75	-	-	-	-	-	-	-	-	-	-	-	-	-	-	-	-	-
Robert Torday (CH)	-	-	-	-	-	-	-	-	75	-	-	-	-	-	-	-	-	-	(30)	-	-	-	-	-	-	-	-	-
Paulo Meireles (P)	-	-	-	-	-	-	-	-	-	-	-	-	-	-	-	200	-	-	-	-	-	-	-	-	-	-	-	-
Eugeny Vassin (RUS)	-	-	10	-	-	-	-	-	-	-	-	-	-	-	-	-	-	-	-	-	-	-	-	-	-	-	-	-
Yves Loubet (F)	-	-	-	-	-	-	-	-	-	-	-	-	-	-	-	-	-	-	-	-	-	-	-	-	-	-	-	-
	1	2	3	4	5	6	7	8	9	10	11	12	13	14	15	16	17	18	19	20	21	22	23	24	25	26	27	28

moscovita de 28 anos Eugeny Vassin que se tornou no primeiro piloto de um país da Comunidade de Estados Independentes a alcançar um título oficial no desporto automóvel. Nas Senhoras, após os bons resultados no Grasse Alpin e Mont Blanc, ninguém logrou roubar o ceptro à italiana Elisabetha Cavenaghi. ❑

Ao lado, Enrico Bertone, Campeão Europeu de 1995. À direita, Eugeny Vassin, Campeão Europeu na "F2" de 1995.

Rali	Della Lana	Rouergue Aveyron Midi-Pyrenees	Hunsruck	Turkey	Madeira	Budapest	Sliven	Barum	Elpa	Mont Blanc Morzine	Principe de Asturias	Manx	Yu	Cyprus	Hermes	Antibes-Azur	3-Stadte	Valais	Algarve	San Marino	Semperit	Criterium des Cevennes	Condroz	Piancavallo	Golden Tulip	Sub Total	Var	Total
País	I	F	D	TR	P	H	BG	CZ	GR	F	E	GBM	YU	CY	GR	F	D	CH	P	RSM	A	F	B	I	NL		F	
Coeficiente	5	2	10	5	20	2	2	5	20	10	10	10	5	20	5	20	2	5	5	10	10	2	5	20	5		5	
Prova nº	29	30	31	32	33	34	35	36	37	38	39	40	41	42	43	44	45	46	47	48	49	50	51	52	53		54	
Enrico Bertone (I)	-	-	-	-	-	-	-	100	-	-	150	-	-	-	-	-	-	-	-	-	-	-	-	-	-	1670		
Krzysztof Holowczyc (PL)	-	-	150	-	-	-	-	-	-	150	-	-	-	-	-	300	-	-	-	-	60	-	-	-	-	1230		
Piero Liatti (I)	-	-	-	-	400	-	-	-	-	-	-	-	-	-	-	-	-	-	-	-	-	-	-	160	-	735(795)		
Georgi Petrov (BG)	-	-	-	-	-	-	40	-	-	-	-	-	100	-	-	-	-	-	-	-	-	-	-	-	-	715		
Bert De Jong (NL)	-	-	-	-	-	-	-	-	-	-	-	-	-	-	-	-	-	-	-	-	-	-	-	-	40	655		
Erwin Doctor (NL)	-	-	120	-	-	-	-	-	-	200	-	-	-	-	-	200	-	-	-	-	-	-	-	-	75	595		
Gianfranco Cunico (I)	-	-	-	-	-	-	-	-	-	-	-	-	-	-	-	-	-	-	-	-	-	-	-	400	-	575(655)		
Leonidas Kirkos (GR)	-	-	-	-	-	-	-	-	400	-	-	-	-	-	75	-	-	-	-	-	-	-	-	-	-	575		
Renaud Verreydt (B)	-	-	-	-	-	-	-	-	-	-	-	-	-	-	-	-	-	-	-	-	-	-	100	-	-	560		
Dieter Depping (D)	-	-	200	-	-	-	-	-	-	-	-	-	-	-	-	-	-	-	-	-	-	-	-	-	100	540		
Piergiorgio Bedini (I)	-	-	-	-	-	-	-	-	160	-	-	-	-	-	-	-	-	-	-	-	-	-	-	60	-	520		
Fabrizia Tabatan (I)	-	-	-	-	200	-	-	-	-	-	-	-	-	-	-	-	-	-	-	-	-	-	-	240	-	440		
Pierro Longhi (I)	75	-	-	-	-	-	-	-	-	-	-	-	-	-	-	-	-	-	-	-	-	-	-	300	-	415(431)		
Jose Maria Ponce (E)	-	-	-	-	-	-	-	-	-	-	-	-	-	-	-	-	-	-	-	-	-	-	-	-	-	400		
Aris Vovos (GR)	-	-	-	-	-	-	-	-	300	-	-	-	-	-	100	-	-	-	-	-	-	-	-	-	-	400		
'Bagheera' (RL)	-	-	-	-	-	-	-	-	-	-	-	-	-	400	-	-	-	-	-	-	-	-	-	-	-	400		
Cesar Baroni (F)	-	-	-	-	-	-	-	-	-	-	-	-	-	-	-	400	-	-	-	-	-	-	-	-	-	400		
Jose Carlos Macedo (P)	-	-	-	-	240	-	-	-	-	-	-	-	-	-	-	-	-	-	75	-	-	-	-	-	-	375		
Jesus Puras (E)	-	-	-	-	-	-	-	-	-	-	100	-	-	-	-	-	-	-	-	-	-	-	-	-	-	340		
Marc Timmers (B)	-	-	-	-	-	-	-	-	240	-	-	-	-	-	-	-	-	-	-	-	-	-	-	-	-	320		
Antonello Fidanza (I)	-	-	-	-	-	-	-	-	20	-	-	-	-	-	-	160	-	-	-	-	-	-	-	-	-	320		
Gregorio Picar (E)	-	-	-	-	-	-	-	-	-	-	-	-	-	-	-	-	-	-	-	-	-	-	-	-	-	300		
Paul Lietaer (B)	-	-	-	-	-	-	-	-	-	-	-	-	-	-	-	-	-	-	-	-	-	-	-	-	-	300		
Gustavo Trelles (ROU)	-	-	-	-	300	-	-	-	-	-	-	-	-	-	-	-	-	-	-	-	-	-	-	-	-	300		
Lenas Cleanthous (CY)	-	-	-	-	-	-	-	-	-	-	-	-	-	300	-	-	-	-	-	-	-	-	-	-	-	300		
Markus Moufang (D)	-	-	100	-	-	-	-	-	-	-	-	-	-	-	-	-	30	-	-	-	-	-	-	-	-	290		
Kurt Gottlicher (A)	-	-	80	-	-	-	-	-	-	-	-	-	-	-	-	-	-	-	-	-	10	-	-	-	-	290		
'Stratissino' (GR)	-	-	-	-	-	-	-	-	200	-	-	-	-	-	-	-	-	-	-	-	-	-	-	-	-	275		
Robert Torday (CH)	-	-	-	-	-	-	-	-	-	120	-	-	-	-	-	80	-	-	-	-	-	-	-	-	-	275(305)		
Paulo Meireles (P)	-	-	-	-	-	-	-	-	-	-	-	-	-	-	-	-	-	-	60	-	-	-	-	-	-	260		
Eugeny Vassin (RUS)	-	-	-	-	-	-	-	-	-	-	-	-	-	240	-	-	-	-	-	-	-	-	-	-	-	250		
Yves Loubet (F)	-	-	-	-	80	-	-	-	-	-	-	-	-	-	-	-	-	-	-	-	120	-	-	-	50	250		
	29	30	31	32	33	34	35	36	37	38	39	40	41	42	43	44	45	46	47	48	49	50	51	52	53		54	

RESULTADOS

FIA ÁFRICA

1ª prova 26/20.05.95 CASTROL Ermelo-Ezulwini (ZA-SD)

1º Damseaux/Bonafede	Toyota Conquest 4x4	6h04m37s*
2º Duncan/Williamson	Toyota Celica Turbo 4WD	6h17m08s
3º Dabner/Hodgson	Toyota Conquest 4x4	6h33m06s*
2ª prova 17/18.06.95 TARA Windhoek (NAM)		
1º Flachberger	Ford Escort RS Cosworth	3h08m04s
2º Coetzee/Hugo	BMW 325ix	3h17m03s*
3º J. Bruwer/Botes	Mazda 323 4WD	3h24m08s*
3ª prova 1/2.07.95 ZAMBIA Lusaka (Z)		
1º S. Singh/Gangat	Hyundai Accent 4x4	5h50m37s*
2º Flachberger/W. Bruwer	Ford Escort RS Cosworth	5h54m26s
3º Ticklay/Naik	Subaru Legacy 4WD Turbo	6h22m23s
4ª prova 4/6.08.95 ZIMBABWE CHALLENGE Harare (ZW)		
1º Rautenbach/Sieling	Hyundai Accent 4x4	1h41m23s*
2º Whyte/Archenoul	VW Golf	1h54m18s*
3º S. Singh/Redmond	Hyundai Accent 4x4	1h56m55s*
5ª prova 20/22.10.95 TOTAL Louis Trichardt-Pietersburg (ZA)		
1º Kuun/Sieling	Hyundai Accent 4x4	5h30m36s*
2º Graham/Chadwick	Toyota Conquest	5h43m30s*
3º Van der Walt/Harding	VW Golf	5h47m46s*
6ª prova 18/19.11.95 EQUATOR Nairobi (EAK)		
1º Brighetti/Thatti	Subaru Impreza 555	8h25m07s
2º Njiru/Mathews	Subaru Impreza WRX-RA	8h38m51s
3º Toroitich/Choge	Toyota Celica Turbo 4WD	9h10m39s

Campeonato FIA de África: 1º Fritz Flachberger (NAM), 55 pontos; 2º Tiaart Van der Valt (ZA), 28; 3ºs Ian Duncan (EAK) e Marco Brighetti (EAK), 20; 5ºs A. Ticklay (Z) e Patrick Nijru (EAK), 15.
*Carros não homologados que não pontuaram.

FIA MÉDIO ORIENTE

1ª prova 9/10.03.95 UAE Abu Dhabi (UAE)

1º Al Motawi/Malik	Toyota Celica GT-Four	1h48m17s
2º Fazal/Nabhan	Mitsubishi Galant VR-4	2h02m10s
3º Al Housaini/A-Al Hajri	Mazda 323 GT	2h03m12s
2ª prova 18/19.05.95 JORDANIA Amã (HKJ)		
1º Bakhashab/Willis	Ford Escort RS Cosworth	2h48m58s
2º Tsouloftas/Georgiou	Mitsubishi Galant VR-4	3h02m27s
3º Abu Samra/Al Shamayleh	Ford Sierra Cosworth 4x4	3h09m36s
3ª prova 7/9.07.95 LIBANO Jounieh (RL)		
1º Nasrallah/Asmar	Lancia HF Integrale	3h57m56s
2º Karam/'Tilber'	Subaru Impreza 555	3h58m18s
3º 'Zee Ohg'/Etyemezian	Subaru Impreza 555	3h58m29s
4ª prova 5/6.10.95 KUWAIT Kuwait City (KWT)		
1º Bakhashab/Willis	Ford Escort RS Cosworth	2h03m22s
2º Al Motawi/Malik	Toyota Celica GT Four	2h07m47s
3º Cherry/Fleming	Mitsubishi Galant VR-4	2h34m23s
5ª prova 26/27.10.95 QATAR Doha (QA)		
1º Al Motawi/M. Al Hajri	Toyota Celica GT-Four	2h25m27s
2º Khalifa/Malik	Toyota Celica GT-Four	2h25m39s
3º Bakhashab/Willis	Ford Escort RS Cosworth	2h27m02s

Campeão: Peter Cherry (UAE) (Mitsubishi Galant VR-4) não pode ser batido no Grupo N.

FIA ZONA EUROPA CENTRAL

1ª prova 25/27.05.95 SATURNUS Ljublana (SLO) (ECR14)

1º Stengg/Moser	Foro Escort RS Cosworth	2h08m38s
2º Sperrer/Diekmann	Opel Astra Gsi	2h10m40s
3º Rosenberger/S. Schwarz	Foro Escort RS Cosworth	2h12m32s
2ª prova 8/10.06.95 POLÓNIA Wroclaw (PL) (ECR18)		
1º Bertone/Chiapponi	Toyota Celica Turbo 4WD	3h04m07s
2º Holowczyc/Wislawski	Toyota Celica Turbo 4WD	3h06m07s
3º Przybylski/Geborys	Ford Escort RS Cosworth	3h08m00s
3ª prova 16/18.06.95 INA-DELTA Zagreb (HR) (ECR21)		
1º Pulic/Devunic	Lancia HF Integrale	3h39m21s
2º Popovic/Vragovic	Lancia HF Integrale	3h40m26s
3º Stolfa/Fanta	Skoda Felicia KC 1500	3h44m01s
4ª prova 18/19.08.95 BARUM Zlin (CZ) (ECR36)		
1º Bertone/Chiapponi	Toyota Celica Turbo 4WD	2h08m48s
2º Baumschlager/Loidl	Audi Coupe S2	2h10m39s
3º Chovanec/Kurus	Ford Escort RS Cosworth	2h11m29s
5ª prova 1/2.09.95 TATRY Poprad (SK)		
1º Beres/Koci	Ford Escort RS Cosworth	1h44m53s
2º Drotar/Banoci	Lancia HF Integrale	1h48m46s
3º Stolfa/Fanta	Skoda Felicia KC 1500	1h49m06s
6ª prova 6/8.10.95 MECSEK Pecs (H)		
1º Ferjancz/C. Toth	Ford Escort Cosworth	1h13m54s
2º F. Toth/Csoko	Audi Coupe S2	1h14m58s
3º Erdi/Varga	Mazda 323 GT-R	1h15m26s
7ª prova 3.11.95 SEMPERIT Waidhofen (A) (ECR49)		
1º Wittmann/Pattermann	Toyota Celica Turbo 4WD	1h35m24s
2º Rosenberger/S. Schwarz	Toyota Celica Turbo 4WD	1h38m34s
3º Sperrer/Diekmann	Opel Astra Gsi	1h38m48s

Campeonato FIA Zona Europa Central: 1º Enrico Bertone (I) 40 pontos; 2º Jindrich Stolka (CZ) 37; 3º Stanislav Chovanec (CZ) 30; 4ºs Raphael Sperrer (A) e Kris Rosenberger (A) 27. Campeão Grupo N: Felix Sereinig (A) Mazda 323 GT-R. Campeão 'F2': Jindrich Stolfa (CZ).

TROFÈU FIA DE CLÁSSICOS

1ª prova 9/12.03.95 SANREMO (I)

1º Nies/Siems	Lotus Elan S26	49m50s
2º Bormolini/Pozzoni	Porsche 356 Speedster	49m50s
3º Giacomelli/Massimelli	Porsche 356B	49m56s
2ª prova 25/28.05.95 BAVIERA (D)		
1º Andersson/Thorell	Porsche 911	58m36s
2º Nies/Siems	Lotus Elan S26	59m18s
3º C.+T. Ellerman	Porsche 911	59m31s
3ª prova 16/17.06.95 VIKING (DK)		
1º Stoschek/Diekmann	Porsche 911	1h04m05s
2º Damberg/Osterberg	Foro Capri	1h05m48s
3º C.+T. Ellermann	Porsche 911	1h08m36s
4ª prova 6/8.07.95 VLTAVA Klatovy (CZ)		
1º Stoschek/Diekmann	Porsche 911	1h28m33s
2º Koppenwallner/Grommer	Austin Healey	1h31m57s
3º Trajbold/Trajboldova	BMW 1800 T1	1h33m06s
5ª prova 5/6.08.95 NESTE 1000 LAGOS Jyvaskyla (SF)		
1º Grundel/Ostensson	Porsche 911	1h10m58s
2º Oscarsson/Jakobsson	Volvo 122S	1h13m31s
3º M-+G. Wigren	Porsche 911	1h13m32s
6ª prova 23/24.10.95 ELBA (I)		
1º Stoschek/Schneppenheim	Porsche 911	1h17m47s
2º Korner/Podharski	Porsche 911	1h19m37s
3º Tessore/Costa	Lotus Elan	1h19m40s

7ª prova 20/22.10.95 500 MINUTI (I)

1º Stoschek/Schneppenheim Porsche 911 55m27s
2º C.+T. Ellermann Porsche 911 58m15s
3º Giacomelli/Massimelli Porsche 356B 58m47s
8ª prova 19/20.11.95 GRÃ-BRETANHA (Leeds) (GB)
1º J. McRae/Crawford Porsche 911 1h36m27s
2º Karlan/Gustavsson Porsche 911 1h36m40s
3º Wigren/Hageman Porsche 911 1h40m11s

Campeão: Jan Trajbold (CZ)

CODASUR

1ª prova 6/8.07.95 CODASUR (RA) (F2-7)
1º Recalde/Christie Lancia HF Integrale 5h22m11s
2º Trelles/Del Buono Lancia HF Integrale 5h31m44s
3º Galanti/Zuchini Toyota Celica Turbo 4WD 5h37m50s
2ª prova 28/30.0.95 TRANS ITAPUA Encarnacion (PY)
1º Galanti/Dumot Toyota Celica Turbo 4WD 1h25m09s
2º Masi/Fadul Ford Escort RS Cosworth 1h28m48s
3º Barchini/Panza Mitsubishi Lancer Evolution 1h31m59s
3ª prova 19/21.08.95 GRACIOSA (BR)
1º Galanti/Dumot Toyota Celica Turbo 4WD 1h18m43s
2º Lemos/Lima Mitsubishi Lancer Evolution 1h22m50s
3º Sanabria/Bogado Alfa Romeo 155 1h27m07s
4ª prova 27/30.09.95 TRANSCHACO Mariscal Estigarriba (PY)
1º Tomboly/Garcia VW Golf Gti 13h46m52s
2º Galanti/Dumot Toyota Celica Turbo 4WD 13h53m31s
3º E. Gonzalez/Dominguez Subaru Impreza 555 14h29m44s
5ª prova 10/12.11.95 PUNTA DEL ESTE Punta Del Este (ROU)
1º Masi/D. Gonzalez Ford Escort RS Cosworth 3h24m30s
2º Grillon/Dumot Toyota Celica Turbo 4WD 3h40m56s
3º Miguel/Varela VW Gol GL 3h50m39s

Campeão: Marco Galanti (PY).

TAÇA MITROPA

1ª prova 16/18.03.95 SUMAVA Klatovy (CZ)
Zenere/Sghedoni Foro Escort RS Cosworth 2h25m39s
2ª prova 6/8.04.95 BOSCH SUPER Osterreichring (A)
de Cecco/Barigelli Toyota Celica 4WD 1h27m06s
3ª prova 5/7.05.95 OPATIJA-RIVIERA Opatija (HR)
de Cecco/Barigelli Toyota Celica 4WD 1h06m44s
4ª prova 10.06.95 CITTA DI SCHIO Schio (I)
Zenere/Sghedoni Ford Escort RS Cosworth 1h37m48s
5ª prova 5/6.08.95 BUDAPEST Budapeste (H) (ECR34)
Zenere/Sghedoni Ford Escort RS Cosworth 2h13m54s
6ª prova 21/23.09.95 ARBO-MOBIL Aspang (A)
Zenere/Sghedoni Ford Escort RS Cosworth 1h54m27s
7ª prova 29.09/1.10.95 CITTA DI BASSANO Bassano del Grappa (I)
W. Weber/Verlaan Ford Escort RS Cosworth 1h44m03s
8ª prova 19/22.10.95 DREI-STADTE Straubling (D)
W. Weber/Stenzer Ford Escort RS Cosworth 1h55m31s

Classificação: 1º Wolfgang Weber (D) 305 pontos; 2º Gianmarino Zenere (I) 288; 3º Georg Reitsperger (A) 233; 4º Adolf Gantner (D) 191; 5º Renza Facchinello (I) 189. **Vencedor na 'F2':** Georg Reitsperger (A).

TAÇA DA AMÉRICA DO NORTE

1ª prova 27/29.01.95 PERCE-NEIGE MICHELIN Pembroke, ONT (CDN)
F.+D. Sprongl Audi Coupe S2 2h22m46s
2ª prova 10/12.02.95 QUEBEC MICHELIN Cidade de Quebec, QUE (CDN)
F.+D. Sprongl Audi Coupe S2
3ª prova 7/8.04.95 SUNRISER 400 Chillicothe, OH, (EUA)
Choiniere/Becker Hyundai Elantra 1h43m28s
4ª prova 21/22.04.95 WILD WEST Olympia, WA (EUA)
Choiniere/Becker Hyundai Elantra 2h37m57s
5ª prova 5/6.05.95 RIM OF THE WORLD Palmdale, CA (EUA)
Choiniere/Becker Hyundai Elantra 2h39m40s
6ª prova 20/21.05.95 MICHELIN BIGHORN Hinton, ALTA (CDN)
Bendle/Hofer Pontiac Fiero 2h07m38s
7ª prova 26/27.05.95 MICHELIN ROCKY MOUNTAIN Calgary, ALTA (CDN)
Barbe/Lacroix Eagle Talon 2h12m00s
8ª prova 2/3.06.95 SUSQUEHANNOCK TRAIL Wellsboro, PA (EUA)
Choiniere/Becker Hyundai Elantra 2h29m03s
9ª prova 7/8.07.95 MICHELIN BAIE DES CHALEURS New Richmond, QUE (CDN)
Buffum/Becker Hyundai Elantra 1h52m06s
10ª prova 28/29.07.95 MAINE FOREST SUMMER Rumford, ME, (EUA)
Merrill/Bellefleur Ford Escort RS Cosworth 1h57m41s
11ª prova 26/27.08.95 OJIBWE FORESTS Beimidji, MN (EUA)
Merrill/Bellefleur Ford Escort RS Cosworth 2h21m52s
12ª prova 8/9.09.95 MICHELIN VOYAGEURS Mattawa, ONT (CDN)
Buffum/Becker Hyundai Elantra 1h21m46s
13ª prova 20/21.10.95 LAKE SUPERIOR Houghton, MI (EUA)
Joy/Griffin Mitsubishi Lancer Evolution 2h37m43s
14ª prova 27/29.10.95AUTO CHARLEVOIX MICHELIN Pte-au-Pic, QUE (CDN)
F. Sprongl/Maxwell Audi Coupe S2 1h58m45s

WEST EURO CUP

1ª prova 10/12.02.95 SUÉCIA Karlstad (S) (WC2)
Radstrom/Backman Toyota Celica GT-Four 4h52m34s
2ª prova 23/25.02.95 FINNSKOG NORUEGA Kongsvinger (N) (ECR3)
Olofsson/Hagen Ford Sierra Cosworth 4x4 3h23m06s
3ª prova 25/28.05.95 SOUTH SWEDISH Kristianstad (S) (ECR23)
Radstrom/Backman Toyota Celica GT-Four 1h58m04s
4ª prova 23/25.06.95 24 HEURES D'YPRES Ypres (B) (ECR23)
D.+J. Depping Ford Escort RS Cosworth 3h45m31s
5ª prova 21/22.07.95 HUNSRUCK Baumholder (D) (ECR31)
D.+J. Depping Ford Sierra Cosworth 4x4 3h00m33s
6ª prova 14/16.09.95 MANX Douglas (IOM) (ECR53)
Schmidt/Schwaile Suzuki Swift Gti 4h29m19s
7ª prova 10/11.11.95 GOLDEN TULIP Hellendoorn (NL) (ECR53)
D.+J. Depping Ford Sierra Cosworth 4x4 2h19m04s

Classificação: 1º Jurgen Freisler (D) 345 pontos; 2º Dieter Depping (D) 300; 3º Florian Schmidt (D) 274; 4º Thomas Radstrom (S) 180; Stig-Olov Walfridson (S) 168.

OUTROS RESULTADOS IMPORTANTES

21.04/22.05.95 LONDRES-MÉXICO (GB-MEX)
Mikkola/Palm Ford Escort RS 1600 8h54m35s
18/21.05.95 NG FILIPINAS (RP)
K. Singh/Teoh Proton Wira 4WD Turbo 2h42m20s
13.06/2.07.95 MOBIL 1 ROUND TRIAL Surfers Paradise, QLD (AUS)
Ordynski/Runnals Holden Commodore 23h41m28s
4.07.95 SUBIDA DE PIKES PEAK Colorado Springs (EUA)
Tajima Suzuki Twin Engine 7m53,0s
4/6.08.95 TOUR DE LA REUNION Saint Denis (F)
Oreille/Boyere Renault Clio Maxi 2h27m37s
12.08.95 MANTTA Mantta (SF)
Lindholm/Lahtinen Ford Escort RS Cosworth 43m28s
23.09/1.10.95 CAMIÑOS DEL INCA Lima (Per)
Buffum/Williams Audi Coupe S2 23h53m52s

RESULTADOS

Segue-se a lista dos primeiros classificados nos diversos campeonatos nacionais de ralis que se efectuaram em quase todo o mundo. Nos casos específicos dos campeonatos Português e Espanhol procedeu-se a uma descrição mais pormenorizada, prova a prova. ❑

A - Áustria

Grupo A: 1º Willy Stengg Jr, 48 pontos; 2º Frtiz Waldherr, 42; 3º Kris Rosenberger, 40; 4º Manfred Stohl, 30; 5º Markus Mitterbauer, 26.
Campeão de "F2": Raphael Sperrer.

AUS - Austrália

Grupo A: 1º Neal Bates, 1.400 pontos; 2º Ed Ordynski, 1.070; 3º Martyn Beckton, 540; 4º David West, 520; 5º Graeme Wise, 470.
Campeão de Grupo N: Ed Ordynski

B - Bélgica

Grupo A: 1º Bernard Munster, 230,6 pontos; 2º Pascal Smets, 225,8; 3º Marc Timmers, 183,8; 4º Dominique Bruyneel, 169,8; 5º Laurent Verhoestraete, 128,2.
Campeão de Grupo N: Pascal Smets.

BG - Bulgária

Grupo A: 1º Georgi Petrov, 180 pontos; 2º Stefan Georgiev, 150; 3º Dian Diankov, 94; 4º Dimitar Georgiev, 92; 5º Nikolai Zlatkov, 52.
Campeão de Grupo N: Borislav Dimitrov.

CH - Suiça

Grupo A: 1º Olivier Burri, 175 pontos; 2º Jean-Marie Carron, 155; 3º Cyril Henny, 128; 4º Olivier Gillet, 101; 5º Georges Darbellay, 95.
Campeão de "F2": Olivier Gillet.

CO - Colômbia

1º Juan David Soto, 96 pontos; 2º Santiago Garcia, 94; 3º Carlos Cortez, 79.

CY - Chipre

Campeão de Grupo A: Lenas Cleanthous; **Campeão de Grupo N e "F2":** Menelaos Melissas.

CZ - República Checa

Grupo A: 1º Enrico Bertone (I), 510 pontos; 2º Ladislav Krecek, 425; 3º Ladislav Vyska, 328; 4º Michal Gargulak, 293; 4º Vaclav Arazin, 276.
Campeão de Grupo N: Ladislav Vyska.

D - Alemanha

Grupo A: 1º Hermann Gassner, 125 pontos; 2º Armin Holz, 120; 3º Matthias Moosleitner, 106; 4º Horst Rotter, 100; 5º Kai-Uwe Lutz, 93.
Campeão de Grupo N: Hermann Gassner.

DK - Dinamarca

Grupo A: 1º Jan Mortensen, 157,5 pontos; 2º Henrik Lundgaard, 157,5; 3º Jorgen Nielsen, 154,5; 4º Jens Mulvad, 150; 5º Michael Sorensen, 149,5.
Campeão de Grupo N: Peter Rene Jensen.

EST - Estónia

Grupo A: 1º Ivar Raidam, 40 pontos; 2º Riho Parts, 28; 3º Marek Toome, 18; 4º Priit Uus, 18; 5º Priit Kasak, 12.
Campeão de Grupo N: Ivar Raidam.

FIN - Finlândia

Grupo A: 1º Sebastian Lindholm, 91,5 pontos; 2º Esa Saarenpaa, 68; 3º Marcus Gronholm, 64,5; 4º Saku Vierimaa, 62; 5º Mika Sohlberg, 55.
Campeão de Grupo N: Mika Korhonen.

GB - Grã-Bretanha

Grupo A: 1º Alistair McRae, 124 pontos; Gwyndaf Evans, 109; 3º Gregoire de Mevius (B), 100; 4º Alain Oreille (F), 98; 5º David Llewellin, 86.
Campeão de Grupo N: Trevor Cathers.

GR - Grécia

Grupo A: 1º Aris Vovos, 295 pontos; 2º Leonidas Kirkos, 285; 3º 'Stratissino', 220; 4º Manolis Panagiotopoulos; 5º Pavlos Moschoutis, 110.
Campeão de Grupo N: Manolis Panagiotopoulos.
Campeão de "F2": 'Stratissino'.

H - Hungria

Grupo A: 1º Janos Toth, 80 pontos; 2º Tibor Erdi, 56; 3º Attila Ferjancz, 45; 4º Laszlo Ranga, 45; 5º Tamos Szeleczky, 45.
Campeão de Grupo N: Tibor Erdi.

I - Itália

Grupo A: 1º Gianfranco Cunico, 103 pontos; 2º Piero Liatti, 100; 3º Andrea Dallavilla, 79; 4º Piero Longhi, 49,75; 5º Angelo Medeghini, 26.
Campeão de Grupo N: Bruno Bentivogli.

IRL - Irlanda

Grupo A: 1º Stephen Murphy, 156 pontos; 2º Michael Farrell, 152; 3º Eammon Boland, 140; 4º John Gilleece, 118; 5º Paul Harris, 106.
Campeão de Grupo N: John McCluskey.

J - Japão

Classe A: Yutaka Awazuhara. Classe B: Makoto Haraguchi. Classe C: Yukihiko Sakurai. **Campeão de "F2":** Kenji Kimura.

E - Espanha

1ª prova 24/25.03.95 EL CORTE INGLES	
Ponce/Leon (BMW M3)	3h41m49s
2ª prova 7/8.04.95 VILLA DE ADEJE	
Puras/Romani (Citroën ZX 16V)	1h46m26s
3ª prova 21/23.04.95 CAJA CANTABRIA	
Puras/Romani (Citroën ZX 16V)	2h21m34s
4ª Prova 19/20.05.95 SIERRA MORENA	
Gomez/Marti (Renault Clio Williams)	2h25m40s
5ª prova VILLA DE LLANES	
Gomez/Marti (Renault Clio Williams)	2h22m50s
6ª prova 24/25.06.95 ORENSE	
Moratal/Rodriguez (Peugeot 306S16)	2h00m17s
7ª prova 7/9.07.95 VILLA DE SAN AGUSTIN	
Puras/Del Barrio Citroën ZX 16V	1h47m12s
8ª prova 6/7.09.95 ASTURIAS	
Monzon/Deniz (Ford Escort RS Cosworth)	3h11m25s
9ª prova 8.10.95 SAN FROILAN	
Puras/Del Barrio (Citroën ZX 16V)	1h47m06s
10ª prova 23/25.10.95 CATALUNYA	
Sainz/Moya (Subaru Impreza 555)	5h05m58s
11ª prova 19.11.95 LA CORUÑA	
Conde/Alonso (Renault Clio Williams)	2h44m45s

Classificação final do campeonato no agrupamento de Turismo (Grupo A): 1º Jesus Puras, 1.167 pontos; 2º Oriol Gomez, 1.061; 3º Jamie Azcona, 892; 4ºs Borja Moratal e Javier Azcona, 836.
Campeão do agrupamento de Produção (Grupo N): Javier Azcona.

MAL - Malásia

1º Karamjit Singh, 67 pontos; 2º Tolley Challis (AUS), 52; 3º Greg Carr (AUS), 44; 4ºs Rico Chan, Kenneth Eriksson (S) e Henry Yap, 20.

N - Noruega

Grupo A: 1º Birger Gundersen, 138 pontos; 2º Ole Roar Vannebo, 122; 3º Trond Sveinsvoll, 112; 4º Valter Jensen, 72; 5º Helge Menkerud, 60.
Campeão de Grupo N: Morten Ostberg.
Campeão de "F2": Bruno Arntsen.

NL - Países Baixos

Campeonato internacional da Holanda: 1º Bert de Jong, 388 pontos; 2º Erwin Doctor, 387; 3º Chiel Bos, 357; 4º Maurice Bergsteijn, 330; 5º Hans Stacey, 297.
Campeão nacional holandês e de Grupo N: Mark Verhoeven.

PL - Polónia

Grupo A: 1º Krzysztof Holowczyc, 90 pontos; 2º Pawel Przybylski, 70; 3º Robert Herba, 59; 4º Waldemar Doskocz, 56; 5º Bogdan Herink, 47.
Campeão de Grupo N: Robert Herba.

R - Roménia

Grupo A: 1º Constantin Aur, 312 pontos; 2º Dorin Toma, 273; 3º George Grigorescu, 261; 4º Ion Mihaila, 132; 5º Christian Macanesta, 52.
Campeão de Grupo N: Gunther Graeff.

RI - Indonésia

Grupo A: 1º Tonny Hardianto, 62,5 pontos; 2º Hutomo MP, 50; 3º Ledy Kurnadi, 48; 4º Dandy Rukmana, 33; 5º Pratikto Singgih, 22.
Campeão de Grupo N: Arief Indiarto.

RL - Líbano

1º Jean-Pierre Nasrallah, 401 pontos; 2º 'Zee Ohg', 283; 3º Fady Hayeck, 216; 4º Nabil Karam, 200; 5º Fady Bustros, 140.

S - Suécia

Grupo A: 1º Tomas Jansson, 84,5 pontos; 2º Stig Blomqvist, 76,5; 3º Thomas Radstrom, 65; 4º Peter Friberg, 42; 5º Karl-Johan Lovgren, 23.
Campeões de Grupo N: Stig-Olof Walfridsson e Kenneth Backlund.

SK - Eslováquia

Grupo A: 1º Josef Beres, 90 pontos; 2º Stanislav Chovanec, 85; 3º Igor Drotar, 75; 4º Vladimir Palko, 61; 5ºs Pavel Suranovsky e Miroslav Kruptko, 55.
Campeão de Grupo N: Vladimir Palko.

SLO - Eslovénia

Grupo A: 1º Darko Peljhan, 75 pontos; 2º Samo Valant, 58; 3º Jani Treek, 57; 4º Anton Grum, 45; 5º Vojko Hoevar, 40.
Campeão de Grupo N: Samo Valant.
Campeão de "F2": Mico Milosavljevic.

TR - Turquia

Grupo A: 1º Volkan Isik, 100 pontos; 2º Cenap Gecalp, 60; 3ºs Riza Cukurova e Hakan Dinc, 42; 5º Dara Kirmizitoprak, 34.
Campeão de Grupo N: Emin Ali Sipahi.

USA - Estados Unidos

Campeão SCCA PRO: Paul Choiniere.

Z - Zâmbia

Campeão: Satwant Singh.

ZA - África do Sul

1º Serge Damseaux, 238 pontos; 2º Etienne Lourens, 155; 3º Trevor Graham, 135; 4º Brady Dabner, 120; 5º Hannes Grobler, 108.

P - Portugal

1 - Rali Sopete/Póvoa de Varzim

1º	Fernando Peres/Ricardo Caldeira	Ford Escort Cosworth	A	1.28.52
2º	José Carlos Macedo/Miguel Borges	Renault Clio Williams	A	a 3.08
3º	Pedro Azeredo/Fernando Prata	Renault Clio 16V	A	a 5.02
4º	German Castrillon/Estrella Castrillon	Ford Escort Cosworth	N	a 8.26
5º	Stuart Coupe/Allan Whittaker	Ford Escort Cosworth	A	a 10.00
6º	José Faria/Vítor Quintão	Ford Escort Cosworth	N	a 10.35
7º	António Faria/Jorge Cerqueira	Renault 5 GT Turbo	N	a 10.38
8º	Victor Sá/Luís Neves	Opel Corsa GSi	A	a 13.20
9º	Alberto Tombo/Daniel Rivera	Renault Clio 16V	N	a 15.35
10º	Armando Parente/Jorge Palitos	VW Golf GTi	A	a 15.49
11º	Fernando Santos/Manuel Nogueira	Peugeot 309 GTi	N	a 17.21
12º	German Gomez/Juan Barros	Ford Escort Cosworth	N	a 17.42
13º	Augusto Magalhães/José Luís	Ford Escort Cosworth	N	a 18.17
14º	Delfim Bastos/António Freitas	Mazda 323 4WD	N	a 19.00
15º	Roberto Vasquez/Severo Veiga	Citroën AX Sport	A	a 22.16
16º	Joaquim Bessa/Jorge Teixeira	Renault 5 GT Turbo	N	a 23.50
17º	Armando Silva/José Machado	Peugeot 205 Rallye	N	a 26.31
18º	Ken Skidmore/Andrew Tatham	Ford Escort RS 2000	N	a 26.54
19º	Rafael Palacio/Manuel Moreiras	Citroën AX Sport	A	a 26.57
20º	Ricardo Andrade/Humberto Freitas	Opel Corsa GSi	A	a 27.24

2 - Rali Porto Petróleos/F.C.Porto

1º	Fernando Peres/Ricardo Caldeira	Ford Escort Cosworth	A	1.43.51
2º	Jorge Bica/João Sena	Lancia HF Integrale	A	a 33 seg.
3º	Paulo Meireles/António Abreu	VW Golf Rallye G60	A	a 1.11
4º	José Miguel/Carlos Magalhães	Ford Escort Cosworth	A	a 2.10
5º	Rui Madeira/Nuno Rodrigues da Silva	Mitsubishi Lancer	N	a 4.16
6º	José Carlos Macedo/Miguel Borges	Renault Clio Williams	A	a 4.22
7º	Pedro Azeredo/Fernando Prata	Renault Clio 16V	A	a 7.41
8º	António Jorge/Miguel Ramalho	Renault Clio Williams	N	a 13.23
9º	Rodrigo Ferreira/Luís Sousa	Peugeot 205 GTi	A	a 15.37
10º	Miguel Ramos/António Manuel	Toyota Corolla GTi	A	a 16.02
11º	Pedro Leal/Pedro Ramos	VW Golf GTi	N	a 16.51
12º	António Sousa/Antúnio Vieira	VW Golf GTi	N	a 18.23
13º	António Teixeira/José Janela	Renault Clio 16V	A	a 19.20
14º	José Pedro Miranda/Duarte Costa	Renault Clio 16V	A	a 24.02
15º	Rodrigo Gonialves/JosÉ Artur	Peugeot 205 Rallye	N	a 25.06
16º	A.Pinto dos Santos/J.Pinto dos Santos	Fiat Cinquecento	A	a 33.53
17º	Lourenìo Freitas/Pedro Matias	Seat Marbella GL	A	a 34.04
18º	Filipe Oliveira/José Vieira	Peugeot 205 Rallye	N	a 34.35
19º	Humberto Viegas/Jorge Azevedo	Peugeot 106 XSi	N	a 35.13
20º	Luís Moniz/Rui Coelho	Citroën AX Sport	A	a 39.55

3 - TAP/ Rali de Portugal

1º	Carlos Sainz/Luis Moya	Subaru Impreza 555	A	5.32.37
2º	Juha KankkunenNicky Grist	Toyota Celica GT Four	A	a 12 seg.
3º	Colin McRae/Derek Ringer	Subaru Impreza 555	A	a 3.14
4º	Armin Schwarz/Klaus Wicha	Toyota Celica GT Four	A	a 4.59
5º	Didier Auriol/Bernard Ocelli	Toyota Celica GT Four	A	a 6.13
6º	Bruno Thiry/Stephane Prevot	Ford Escort Cosworth	A	a 8.46
7º	Richard Burns/Robert Reid	Subaru Impreza 555	A	a 14.21
8º	Alex Fiorio/Vittorio Brambilla	Ford Escort Cosworth	A	a 25.37
9º	Rui Madeira/Nuno Rodrigues da Silva	Mitsubishi Lancer	N	a 30.59
10º	Jorge Recalde/Martin Cristhie	Mitsubishi Lancer	N	a 34.45
11º	Isolde Holderied/Tina Thorner	Mitsubishi Lancer	N	a 40.56
12º	Masao Kamioka/Kevin Gormley	Subaru Impreza	N	a 41.44
13º	Paulo Meireles/António Abreu	V Golf Rallye G60	A	a 43.14
14º	José Miguel/Carlos Magalhães	Ford Escort Cosworth	A	a 45.30
15º	Hideaki Miyoshi/Mike Corner	Subaru Impreza	N	a 49.51
16º	Piergiorgio Deila/Pierangelo Scalvini	Peugeot 306 16V	A/2	a 55.18

17º	Andrea Navarra/Renzo Casazza	Toyota Celica GT Four	N	a 56.58
18º	Herrman Gassner/Harold Brock	Mitsubishi Lancer	N	a 1.00,23
19º	Gaby Goudezeune/Filip Pelsemaeker	Mazda 323 GT-R 4WD	A	a 1.00,30
20º	Uwe Nittel/Monica Eckardt	Toyota Celica GT Four	N	a 1.02,13
21º	Rapahel Sperrer/Peter Diekmann	Opel Astra GSi	A/2	a 1.02,31
22º	Erwin Weber/Manfred Wiemer	Seat Ibiza GTi 16V	A/2	a 1.03,44
23º	Arwin Kremer/Sven Sehling	Ford Escort Cosworth	N	a 1.06,04
24º	Jorge Félix/Sérgio Paiva	Lancia HF Integrale	A	a 1.10,28
25º	Marek Toome/Aleksander Kao	Mitsubishi Lancer	N	a 1.11,16
26º	António Jorge/Miguel Ramalho	Renault Clio Williams	N	a 1.13,54
27º	Nikolai BurkartRegine Rausch	Nissan Sunny GTi	A/2	a 1.23,56
28º	Ramiro Fernandes/Cruz Monteiro	Lancia Delta Integrale	N	a 1.41,07
29º	Jurgen Reithmuler/Hans-Wolf Stein	Ford Escort Cosworth	N	a 1.47,06
30º	Jacques Jonquieres/Jacques Phelippeau	Peugeot 205 GTi	N	a 1.54,05
31º	Henri Devin/Franìoise Viste	Peugeot 309 GTi 16V	N	a 1.55,03
32º	Fernando Santos/Manuel Nogueira	Peugeot 309 GTi 16V	N	a 1.59,03
33º	Francisco Teixeira/Paulo Moura	Citroën AX GTi	A/2	a 2.11,52
34º	Ewald Klein/Bertfried Gunter	Subaru Sedan 4WD	N	a 2.13,20
35º	José Torres/Carlos Torres	Citroën AX GT	A/2	a 2.40,41

4 - Rali Cidade de Oliveira do Hospital

1º	Paulo Meireles/António Abreu	VW Golf Rallye G60	A	1.30.29
2º	orge Bica/João Sena	Lancia HF Integrale	A	a 3 seg.
3º	Fernando Peres/Ricardo Caldeira	Ford Escort Cosworth	A	a 45
4º	José Carlos Macedo/Miguel Borges	Renault Clio Maxi	A	a 3.25
5º	Pedro Azeredo/Fernando Prata	Renault Clio Maxi	A	a 3.33
6º	Albano Costa/Marques Mendes	Ford Escort Cosworth	N	a 11.18
7º	Ferreira da Silva/António Picarote	Lancia HF Integrale	N	a 17.47
8º	Armando Parente/Jorge Palitos	VW Golf GTi 16V	A	a 18.52
9º	Augusto Magalhães/José Luís	Ford Escort Cosworth	N	a 19.05
10º	José Araújo/Paulo Araújo	Renault Clio 16V	A	a 20.37
11º	Pedro C. Carmo/Duarte C. Carmo	BMW M3	N	a 21.37
12º	José Pessoa/João Pedro	Renault Clio 16V	N	a 25.41
13º	A. Pinto dos Santos/Nuno R. da Silva	Fiat Cinquecento	A	a 28.20
14º	Humberto Viegas/Jorge Azevedo	Peugeot 106 XSi	N	a 31.22
15º	Victor Calisto/Duarte Silva	Fiat Cinquecento	A	a 32.34
16º	Paulo Guimarães/Rui Tavares	Citroën AX Sport	N	a 34.00

5- Rali Internacional Rota do Sol

1º	Paulo Meireles/António Abreu	VW Golf Rallye G60	A	3.19.05
2º	Mike Pattison/Phil Moyniham	Ford Escort Cosworth	A	a 4.33
3º	Stuart Coupe/Alan Whittaker	Ford Escort Cosworth	A	a 8.21
4º	António Jorge/Paulo Mendes	Renault Clio Williams	N	a 16.30
5º	Albano Costa/Marques Mendes	Ford Escort Cosworth	N	a 17.29
6º	Laurent Galiay/Thierry Galiay	Renault Clio Williams	N	a 18.19
7º	António Sousa/António Vieira	Renault Clio Williams	N	a 22.49
8º	Augusto Magalhães/José Luís	Ford Escort Cosworth	N	a 23.09
9º	Ken Skidmore/Kevin Clarke	Ford Escort Cosworth	N	a 27.42
10º	Carlos Fulgéncio/José Martins	VW Golf GTi n16V	A	a 31.08
11º	Pedro C. Carmo/Duarte C. Carmo	BMW M3	N	a 32.35
12º	António Vieira/Paulo Amaro	Ford Sierra Cosworth	N	a 44.21
13º	José Pessoa/Redwan Cassamo	Renault Clio 16V	N	a 49.34
14º	Victor Calisto/Duarte Silva	Fiat Cinquecento	A	a 54.48
15º	Costa Silva/José Marques	Fiat Cinquecento	A	a 1.00,27
16º	Paulo Guimarães/Rui Tavares	Citroën AX Sport	N	a 1.34,05

6 - Rali dos Açores/BCA

1º	José Miguel/Carlos Magalhães	Ford Escort Cosworth	A	3.04.23
2º	Fernando Peres/Ricardo Caldeira	Ford Escort Cosworth	A	a 2.56
3º	José Carlos Macedo/Miguel Borges	Renault Clio Maxi	A	a 6.01
4º	Luís Pimentel/João Félix	Mitsubishi Galant VR4	A	a 9.01
5º	Horácio Franco/Francisco Furtado	Ford Escort Cosworth	N	a 10.15
6º	Pedro Azeredo/Fernando Prata	Renault Clio Maxi	A	a 13.05
7º	Jorge Félix/Sérgio Paiva	Lancia HF Integrale	A	a 13.37
8º	Stuart Coupe/Allan Whittaker	Ford Escort Cosworth	A	a 14.20
9º	António Jorge/Paulo Ara£jo	Renault Clio Williams	N	a 24.48
10º	Augusto Magalhães/JosÉ Lu's	Ford Escort Cosworth	N	a 28.16
11º	Ken Skidmore/Kevin Clarke	Ford Escort Cosworth	N	a 29.24
12º	António Gravato/José Tafula	Renault Clio Williams	A	a 30.15
13º	Tomçs Mesquita/Rui Galvão	Mitsubishi Galant VR4	A	a 32.11
14º	Fernando Amaral/Carlos Melo	VW Golf GTi	A	a 36.12
15º	Pedro C. Carmo/Duarte C. Carmo	BMW M3	N	a 38.43
16º	João Reis/Nuno Rodrigues da Silva	Ford Sierra Cosworth	N	a 45.23
17º	Paulo Freire/João Azevedo	Toyota Corolla GTi	A	a 48.07
18º	José Pessoa/Redwan Cassamo	Renault Clio 16V	N	a 52.08
19º	A. Pinto dos Santos/Tomaz M. Breyner	Fiat Cinquecento	A	a 53.01
20º	Hermano Couto/Luís Couto	Peugeot 205 Rallye	N	a 57.10

7 - Rali Vinho Madeira

1º	Piero Liatti/Alessandro Alessandrini	Subaru Impreza	A	3.21.50
2º	Gustavo Trelles/Del Buono	Subaru Impreza	A	a 4.31
3º	José Carlos Macedo/Miguel Borges	Renault Clio Maxi	A	a 5.35
4º	Fabrizio Tabaton/Maurizio Imerito	Toyota Celica GT Four	A	a 5.39
5º	Sergio Pianezzola/Domenico Zanatta	Toyota Celica 4WD	A	a 6.18
6º	Jorge Bica/João Sena	Lancia HF Integrale	A	a 6.57
7º	Yves Loubet/Jean Marc Andrie	Lancia HF Integrale	A	a 9.20
8º	Fernando Peres/Ricardo Caldeira	Ford Escort Cosworth	A	a 10.57
9º	Américo Campos/António Castro	VW Golf GTi 16V	A	a 14.21
10º	Rui Conceição/Luís Gonçalves	Ford Escort Cosworth	A	a 15.02
11º	José Miguel/Carlos Magalhães	Ford Escort Cosworth	A	a 19.13
12º	Emanuel Pereira/Rui Abreu	Ford Sierra Cosworth	A	a 20.16
13º	Emil Vassina/A. Chtchoukine	Opel Astra GSi	A	a 22.29
14º	Rui Pinto/João Gouveia	Ford Escort Cosworth	N	a 23.36
15º	Manuel Moedas/Luís Neves	VW Golf GTi 16V	A	a 31.46
16º	José Barros/João Pimenta	Toyota Corolla GTi	A	a 34.39
17º	António Gravato/José Tafula	Renault Clio Williams	A	a 34.49
18º	Augusto Magalhães/Paulo Amaro	Ford Escort Cosworth	N	a 35.30
19º	Pedro C.Carmo/Duarte C. Carmo	BMW M3	N	a 35.33
20º	António Jorge/Miguel Ramalho	Renault Clio Williams	N	a 37.01

8 - Rali Solverde

1º	Fernando Peres/Ricardo Caldeira	Ford Escort Cosworth	A	1.10.28
2º	José Carlos Macedo/Miguel Borges	Renault Clio Maxi	A	a 19 seg.
3º	Paulo Meireles/António Abreu	VW Golf Rallye G60	A	a 27
4º	Pedro Azeredo/Fernando Prata	Renault Clio Maxi	A	a 54
5º	Jorge Bica/João Sena	Lancia HF Integrale	A	a 2.44
6º	Carlos Carvalho/José Alves	Mitsubishi Galant VR4	A	a 2.56
7º	Alexandre Rebelo/Ricardo Rodrigues	Ford Sierra 4X4	A	a 9.18
8º	José Manuel Cunha/Pedro Ramos	Lancia HF Integrale	A	a 11.33
9º	Rodrigo Ferreira/Luís Sousa	Peugeot 205 GTi	A	a 12.01
10º	Armando Parente/Jorge Palitos	VW Golf GTi 16V	A	a 12.21
11º	Francisco Teixeira/Paulo Amaro	Renault Clio Williams	N	a 14.23
12º	Fernando Almeida/José Silva	VW Golf GTi 16V	A	a 14.35
13º	João Barros/Paulo Moura	Lancia Delta Integrale	N	a 14.47
14º	Luís Dinis/Manuel Gil	Renault 5 GT Turbo	N	a 14.59
15º	Stephane Pineau/Jean Paul Bordet	Peugeot 106 XSi	A	a 15.02
16º	Pedro C. Carmo/Duarte C. Carmo	BMW M3	N	a 16.50
17º	António Gravato/José Tafula	Renault Clio 16V	N	a 18.13
18º	António Sousa/António Vieira	VW Golf GTi 16V	N	a 19.21
19º	Paulo Freire/Pedro Azevedo	Toyota Corolla GTi	A	a 21.22
20º	A. Pinto dos Santos/José P. Santos	Fiat Cinquecento	A	a 24.44

9 - Rali Algarve

1º	Fernando Peres/Ricardo Caldeira	Ford Escort Cosworth	A	2.41.45
2º	José Carlos Macedo/Miguel Borges	Renault Clio Maxi	A	a 6.52
3º	Paulo Meireles/António Abreu	VW Golf Rallye G60	A	a 9.56
4º	Gaby Goudezeune/Pelsemaeker	Mazda 323 GTR	A	a 13.49
5º	Carlos Fontaínhas/Rogério Seromenho	Ford Sierra XR4i	A	a 21.15
6º	Jorge Rodrigues/José Alberto	Renault Clio 16V	A	a 28.43
7º	António Jorge/Miguel Ramalho	Renault Clio Williams	N	a 31.31
8º	Ferreira da Silva/António Picarote	Lancia Delta Integrale	N	a 33.46
9º	Augusto Magalhães/José Luís	Ford Escort Cosworth	N	a 35.11
10º	José Silva/Orlando Bandeira	Ford Escort Cosworth	N	a 39.44
11º	Rui Trindade/Mário Vaz	Peugeot 106 Rallye	N	a 54.03
12º	Victor Calisto/Duarte Silva	Fiat Cinquecento	A	a 58.02
13º	José Neves/António Jezequep	Peugeot 205 Rallye	N	a 1.01,53
14º	Costa Silva/José Marques	Fiat Cinquecento	A	a 1.17,06
15º	Filipe Silva/João Bento	Peugeot 205 Rallye	N	a 1.22,25

Campeonato Nacional Grupo A: Fernando Peres, 1248; 2. Paulo Meireles, 1225; #. José Carlos Macedo, 1148; 4. Pedro Azerado, 747; 5. António Jorge, 745. **Campeão do Grupo N**: António Jorge (Renault Clio Williams).

RESULTADOS

INTERNACIONAL

DAKAR

1º Pierre Lartigue	**Citroen ZX Grand Raid**	**72h12m44s**
2º Bruno Saby	Mitsubishi Pajero Proto 5	a 3h24m53s
3º Kenjiro Shinozuka	Mitsubishi Pajero	a 4h10m04s
4º Jean Pierre Fontenay	Mitsubishi Pajero	a 7h12m08s
5º Timo Salonen	Citroen ZX Grand Raid	a 7h49m16s
6º Duarte Guedes	Nissan Patrol GR	a 18h59m05s

TUNÍSIA

1º Pierre Lartigue	**Citroen ZX RR**	**17h21m49s**
2º Timo Salonen	Citroen ZX RR	a 53m52s
3º Ari Vatanen	Citroen ZX RR	a 1h45m33s
4º Jean Louis Schlesser	Schlesser Original	a 2h26m13s
5º Maurizio Traglio	Nissan Patrol GR	a 7h01m39s
(...)9º Francisco Esperto	Nissan Terrano	a 8h14m04s

ATLAS

1º Ari Vatanen	**Citroen ZX RR**	**20h38m08s**
2º Pierre Lartigue	Citroen ZX RR	a 01m37s
3º Timo Salonen	Citroen ZX RR	a 21m03s
4º Bruno Saby	Mitsubishi Pajero	a 22m31s
5º Jutta Kleinschmidt	Schlesser Original	a 3h39m07s

NICOLA 1000

1º Ari Vatanen	**Citroen ZX RR**	**8h22m09s**
2º Pierre Lartigue	Citroen ZX RR	a 2m21s
3º Philipe Wambergue	Nissan Patrol	a 1h42m18s
4º Luís Sousa	Nissan Pickup	a 1h54m13s
5º Francisco Esperto	Nissan Terrano	a 1h58m20s
6º Maurizio Traglio	Nissan Patrol GR	a 2h02m22s
7º Carlos Sousa	Mitsubishi Pajero	a 2h08m09s
8º Maurizio Colombo	Mitsubishi Pajero	a 2h10m13s
9º Patrick Borne	Nissan Patrol GR	a 2h30m02s
10º José Loureiro	Nissan Pickup	a 2h34m50s

BAJA ITÁLIA

1º Pierre Lartigue	**Citroën ZX Rallye Raid**	**7h25m13s**
2º Jean Louis Schlesser	Schlesser Seat	a 47m18s
3º Jutta Kleinschmidt	Schlesser	a 48m08s
4º Maurizio Traglio	Nissan Patrol GR	a 1h44m41s
5º Salvador Servia	Macmoter M340	a 1h51m31s
(...)23º Francisco Esperto	Nissan Terrano	a 7h13m11s

BAJA DE ARAGÓN

1º Pierre Lartigue	**Citroen ZX RR**	**10h13m08s**
2º Timo Salonen	Citroen ZX RR	a 6m01s
3º Thierry Delavergne	Nissan Terrano	a 1h20m49s
4º Salvador Servia	Macmoter M340	a 1h27m29s
5º G. Tunnard	Mitsubishi Pajero	a 1h50m09s
(...) 9º Ricardo Campos	Toyota Land Cruiser	a 2h11m27s
10º Luís Oliveira	Nissan Pickup V6	a 2h12m35s

AUSTRALIAN SAFARI

1º D.Manwaring	**Nissan**
2º S.Quandt	Mitsubishi Pajero
3º T.Arai	Izuzu
4º P.Glennie	Toyota
5º Pickering	Mitsubishi

EMIRADOS ÁRABES

1º Jean Louis Schlesser	**Schlesser Seat Turbo**	**16h55m02s**
2º Thierry Delavergne	Nissan Terrano	a 3h26m17s
3º Jutta Kleinschmidt	Schlesser Seat	a 3h54m39s
4º Jean Pierre Strugo	Mitsubishi Pajero	a 4h47m54s
5º J. Likkonen	Rover Biltema	a 4h5350s

CLASSIFICAÇÃO TAÇA DO MUNDO

PILOTOS: - 1º Pierre Lartigue, 440 pontos; 2º Thierry Delavergne, 277; 3º Jean Louis Schlesser, 234; 4º Maurizio Traglio, 228; 5º Ari Vatanen, 222; 6º Timo Salonen, 214; 7º Jutta Kleinschmidt, 189; 8º Sven Quandt, 174; 9º Jean Pierre Strugo, 126; 10º Bruno Saby, 123; (...) 15º Francisco Esperto, 69;

2ºs PILOTOS: - 1º Michel Perin, 440 pontos; 2º Louis Arguelles, 269; 3º F. Gallagher, 226; 4º Fabrizia Pons, 222; 5º M.Dominella, 219; 6º A.Zwilling, 174; 7º D.Serieys, 123; 8º J.Lohmann, 108; 9º Cottret, 105; 10º B.Musmara, 100; (...) 15º Teles Fortes, 51

MARCAS: - 1º Citroen, 320 pontos; 2º Nissan, 249, 3º Mitsubishi, 239; 4º Schlesser, 147; 5º Toyota;

PORTUGAL

TRANSALGARVE

1º Joaquim Garcia/José Janela	**Strakit**	**6h19m35s**
2º Santinho Mendes/Calado Mendes	Opel Corsa	a 10m26s
3º José Fino/Manuel Teixeira	Nissan Terrano	a 12m14s
4º Thierry De Laverne/Philippe Rey	Buggy Fouquet	a 14m40s
5º Adriano Barbosa/António Caiado	Mitsubishi Pajero	a 18m39s
6º Filipe Campos/Pedro Figueiredo	Nissan Terrano	a 20m53s
7º Carlos Sousa/Mário Feio	Mitsubishi Pajero	a 21m09s
8º João Vassalo/António Castro	Mitsubishi Pajero	a 30m15s
9º Claude Arnoux/Gilles David	Buggy Cofran	a 41m29s
10º Vasco Pedro/Luís Duarte	Nissan Terrano	a 42m44s

RALI TT CASA DO PESSOAL DA RTP PORTO

1º João Vassalo/António Castro	**Mitsubishi Pajero**	**4h21m55s**
2º Fernando Peres/Ricardo Caldeira	Ford Sierra Cosworth	a 53s
3º Joaquim Garcia/José Janela	Renault Proto 4x4	a 1m28s
4º T. Mello Breyner/Jaime Baptista	Nissan Pick Up	a 7m37s
5º Luís Sousa/João Glória	Nissan Pick Up	a 7m59s
6º Carlos Sousa/Mário Feio	Mitsubishi Pajero	a 8m57s
7º P. Mello Breyner/Carlos Mateus	Mitsubishi Pajero	a 11m36s
8º José Fino/Ahrens Teixeira	Nissan Terrano	a 13m55s
9º Jorge Serra/Sérgio Paiva	Toyota Land Cruiser	a 19m04s
10º Vasco Pedro/Luís Duarte	Nissan Terrano	a 20m11s

RALI TT MONTES DE FAFE

1º Santinho Mendes/Paulo Babo	**Opel Corsa**	**3h56m07s**
2º Francisco Esperto/Teles Fortes	Nissan Terrano	4h01m01s
3º Filipe Campos/Pedro Figueiredo	Nissan Terrano	4h01m45s
4º Pedro M. Breyner/Carlos Mateus	Mitsubishi Pajero	4h02m21s
5º Carlos Sousa/Mario Feio	Mitsubishi Pajero V6	4h06m08s
6º Santos Godinho/Vitor Jesus	Nissan PickUp	4h11m07s
7º José Fino/Ahrens Teixeira	Nissan Terrano	4h12m12s
8º Miguel P. Amaral/Frederico Sanches	Nissan Patrol	4h12m38s
9º Carlos Rola/Alberto Brito	Toyota Land Cruiser	4h16m47s
10º Filipe Santos/Alvaro Oliveira	Opel Monterey	4h17m33s

BAJA NICOLA 1000

1º A.Vatanen/F.Pons	**Citroen ZX Rally R**	**8h22m09s**
(...)4º L.Sousa/J.Glória	Nissan Pickup	a 1h54m13s
5º F.Esperto/T.Fortes	Nissan Terrano	a 1h58m20s
(...)7º C.Sousa/M.Feio	Mitsubishi Pajero	a 2h08m09s
(...)10º J.Loureiro/J.Barreto	Nissan Pickup	a 2h34m50s
(...)13º E. Neves Jr/P.Snaches	Nissan Terrano	a 3h00m36s
14º L.Oliveira/F.Fernandes	Nissan Pickup	a 3h03m26s
(...)17º J.Serra/S.Paiva	Toyota Land Cruiser	a 3h12m45s
18º M.Céu Lima/J.Cardoso	Mitsubishi Pajero	a 3h16m09s
19º T.M.Breyner/J.Baptista	Nissan Pickup	a 3h20m18s
(...)21º C.Inácio/L.Moutinho	Nissan Terrano	a 3h26m23s

RALI TT ESPORÃO VINDIMAS 95

1º João Vassalo/António Castro	**Mitsubishi Pajero**	**4h14m56s**
2º Vasco Pedro/Luís Duarte	Nissan Terrano	a 2m33s
3º Carlos Sousa/Mario Feio	Mitsubishi Pajero V6	a 7m22s
4º F. Guilhermo/Juan Pujolar (Esp.)	Toyota 4 Runner	a 8m34s
5º Rui Sousa/Carlos Silva	Nissan Terrano	a 13m14s
6º Francisco Esperto/Teles Fortes	Nissan Terrano	a 15m05s
7º Vitor Mendes/Pedro Heitor	Opel Campo	a 17m49s
8º Jorge Serra/Sérgio Paiva	Toyota Land Cruiser	a 18m05s
9º Ricardo Campos/F. Machado	Toyota Land Cruiser	a 20m55s
10º Miguel Ribeiro/António Durães	Lancia Integrale	a 21m17s

RALI TT SEGAFREDO ZANETTI

1º Joaquim Garcia/José Janela	**Renault Safrane**	**2h24m48s**
2º Filipe Campos/Pedro Figueiredo	Nissan Terrano	a 03m01s
3º João Vassalo/António Castro	Mitsubishi Pajero	a 06m30s
4º Luís Sousa/João Glória	Nissan Pickup	a 07m59s
5º José Fino/Ahrens Teixeira	Nissan Terrano	a 09m35s
6º César Resende/Gil Sampaio	Nissan Pickup	a 09m44s
7º Santos Godinho/Vitor Jesus	Nissan Pickup	a 10m47s
8º Rui Sousa/Carlos Silva	Nissan Terrano	a 11m00s
9º Francisco Esperto/Teles Fortes	Nissan Terrano	a 11m20s
10º Luís Oliveira/Filipe Fernandes	Nissan Pickup	a 12m20s

BAJA SAGRES 500 PORTALEGRE

1º Joaquim Garcia/José Janela	**Renault Safrane**	**6h20m28s**
2º Luís Sousa/João Glória	Nissan Pickup	a 21m24s
3º Carlos Sousa/Mário Feio	Mitsubishi Pajero V6	a 24m11s
4º César Resende/Gil Sampaio	Nissan Pickup	a 24m22s
5º Adriano Barbosa/António Caiado	Mitsubishi Pajero	a 32m37s
6º Jorge Serra/Sérgio Paiva	Toyota Land Cruiser	a 41m51s
7º Ricardo Campos/F. Machado	Toyota Land Cruiser	a 44m51s
8º Nuno Fontes/Rogério Seromenho	UMM Alter Turbo	a 45m18s
9º José Loureiro/Jorge Barreto	Nissan Pickup	a 49m49s
10º Rui Sousa/Carlos Silva	Nissan Terrano	a 50m04s

CLASSIFICAÇÃO FINAL

ABSOLUTO

PILOTOS: - 1º Carlos Sousa, 1204 pontos; 2º Luís Sousa, 968; 3º Joaquim Garcia, 962; 4º João Vassalo, 876; 5º Jorge Serra, 874; 6º Filipe Vieira de Campos, 872; 7º Francisco Esperto, 868; 8º José Fino, 780; 9º Ricardo Campos, 636; 10º Vasco Pedro, 632;
2ºs PILOTOS: - 1º Mário Feio, 1204 pontos; 2º João Glória, 968; 3º José Janela, 962; 4º António Castro, 876; 5º Sérgio Paiva, 875; 6º Pedro Figueiredo, 872; 7º Armando Teles Fortes, 868; 8º Ahrens Teixeira, 780; 9º Luis Duarte, 632; 10º Filipe Fernandes, 632

CATEGORIA T3

PILOTOS: - 1º Luís Sousa, 418 pontos; 2º Joaquim Garcia, 414; 3º Luís Oliveira, 332; 4º Vitor Mendes, 256; 5º César Resende, 254; 6º Tomaz Mello Breyner, 228; 7º Henrique Pereira da Silva, 174; 8º António Tavares e Jorge Coutinho, 158; 10º Carlos Silva, 128;
2ºs PILOTOS: - 1º João Glória, 418 pontos; 2º José Janela, 414; 3º Filipe Fernandes, 332; 4º Pedro Heitor, 256; 5º Gil Sampaio, 254; 6º Jaime Baptista, 228; 7º Vitor Pereira, 158; 8º José Mota, 158; 9º Paulo Silveirinha, 128; 10º Júlio Lobo, 70;

CATEGORIA T2

PILOTOS: - 1º Filipe Vieira de Campos, 474 pontos; 2º Jorge Serra, 464; 3º João Vassalo, 416; 4º Ricardo Campos, 408; 5º Francisco Esperto, 402; 6º Adriano Barbosa, 288; 7º António Santos Costa, 264; 8º Pedro Mello Breyner, 258; 9º Carlos Rolla, 216; 10º Eugénio Maleitas, 184;
2ºs PILOTOS: - 1º Pedro Figueiredo, 474 pontos; 2º Sérgio Paiva, 464; 3º António Castro, 416; 4º Armando Teles Fortes, 402; 5º Fernando Machado, 356; 6º José Cruz, 264; 7º Angelo MAchado, 224; 8º Alberto Brito, 216; 9º António Meireles, 162;

CATEGORIA T1

PILOTOS: - 1º Carlos Sousa, 562 pontos; 2º Maria do Céu Pire de Lima, 390; 3º José Fino, 378, 4º Vasco Pedro, 338; 5º Álvaro Castro Santos, 334; 6º João Pedro Bandeira, 334; 7º Rui Sousa, 266; 8º Carlos Inácio, 254; 9º Nuno Fontes, 232; 10º Luís Ferreira, 196;
2ºs PILOTOS: - 1º Mário Feio, 562 pontos; 2º Ahrens Teixeira, 378; 3º Luis Duarte, 338; 4º Pedro Velhinho, 334; 5º Joyce Cardoso, 294; 6º Carlos Silva, 266; 7º Luis Moutinho, 254; 8º Ricardo Pinto, 252; 9º Rogério Seromenho, 232; 10º Albano Loureiro, 196;

PERTAMINA
MESRAN F-1
100 % MULTIGRADE
SYNTHETIC OIL WITH ADDITIVE OF
INTERNATIONAL STANDARD
API SERVICE SH/CD
MINYAK LUMAS MESIN BENSIN
MESRAN
F-1
FULL SYNTHETIC
SAE 5W - 50
MESRAN
SUPERB CHOICE FOR REALIABLE ENDURANCE
MESRAN
PERTAMINA
PRODUCT
MADE IN INDONESIA